Lehmanns Media

Claudia von Gélieu

Vom Politikverbot ins Kanzleramt

Ein hürdenreicher Weg für Frauen

Lehmanns Media

Bibliografische Information der Deutschen Bibliothek
Die Deutsche Bibliothek verzeichnet diese Publikation in der Deutschen
Nationalbibliografie; detaillierte bibliografische Angaben sind im Internet
unter „http://dnb.ddb.de" abrufbar

© Lehmanns Media, Berlin 2008
Hardenbergstraße 5 • 10623 Berlin
Umschlag: Uwe Friedrich
Druck und Bindung: Offsetdruck Holga Wende, Berlin

ISBN: 978-3-86541-265-2

www.lehmanns.de

Inhaltsverzeichnis

Politikverbot für Frauen

Bis 1908 war es Frauen fast überall in Deutschland untersagt, sich politisch zu organisieren. Angeblich sollten Frauen durch dieses Verbot, das fast sechzig Jahre in Kraft war, vor politischer Verführung geschützt werden. Das entsprach dem Bild von der geistig beschränkten und unmündigen Frau, der abgesprochen wurde, selbst darüber urteilen und bestimmen zu können, was für sie gut oder schlecht sei. In Wirklichkeit führte das Politikverbot für Frauen zur Unterdrückung und Verfolgung jeglicher weiblicher Emanzipationsbestrebungen.

Das Politikverbot für Frauen war eine Folge des Scheiterns der ersten deutschen Revolution 1848. Die feudalen Fürsten, die ihre Macht noch einmal hatten retten können, setzten alles daran, um solche Umsturzversuche für die Zukunft im Keime zu ersticken. Alle Errungenschaften der Revolution wurden rückgängig gemacht, die Aufständischen ebenso verfolgt wie alles, was an die Revolution erinnerte.

Fünf Tage verschärften Arrest bei Wasser und Brot wurde über mehrere Husumerinnen verhängt, die die Gräber von Opfern der Revolution trotz mehrmals wiederholtem Verbot immer wieder geschmückt hatten. 205 Tage in Einzelhaft musste Amalie Struve verbringen, die mit ihrem Ehemann an den bewaffneten Kämpfen in Baden teilgenommen und sich besonders um die Mobilisierung der Frauen bemüht hatte. Emma Herwegh und Mathilde Franziska Anneke, die wie Amalie Struve an den militärischen Auseinandersetzungen beteiligt gewesen waren, entgingen diesem Schicksal nur, indem sie wie viele andere Frauen und Männer ins Exil gingen.

Infolge der erneuten Einschränkung der Pressefreiheit wurde sowohl die *Frauen-Zeitung* von Mathilde Franziska Anneke als auch *Der Freischärler* von Louise Aston verboten. Die von Louise Otto begründete *Frauen-Zeitung* musste ihren

Sitz aus Leipzig nach Gera verlegen, als in Sachsen ab Ende 1850 nur noch Männer Redaktionen leiten durften. Dieser als „Lex-Otto" in die Geschichte eingegangene Erlass blieb vierzig Jahre lang in Kraft. Und der sächsische Innenminister verfolgte Louise Otto über die Landesgrenzen hinweg, bis sie 1852 ihre Zeitung auch in Gera nicht mehr herausbringen konnte.

Im Februar 1850 wurde in Bayern, im März 1850 in Preußen ein Vereinsgesetz erlassen, das sich gegen alle während der Revolution entstandenen Zusammenschlüsse richtete. Nach diesen Bestimmungen durften Frauen weder in Bayern noch in Preußen Mitglied eines politischen Vereins sein und auch nicht an dessen Versammlungen teilnehmen. Der § 8 der preußischen „Verordnung über die Verhütung eines die gesetzliche Freiheit und Ordnung gefährdenden Missbrauchs des Versammlungs- und Vereinigungsrechts" vom 10. März 1850 lautete:

> „Für Vereine, welche bezwecken, politische Gegenstände in Versammlungen zu erörtern, gelten außer vorstehenden Bestimmungen nachstehende Beschränkungen:
> a) sie dürfen keine Frauenspersonen, Schüler und Lehrlinge als Mitglieder aufnehmen;
> b) … Frauenspersonen, Schüler und Lehrlinge dürfen den Versammlungen und Sitzungen solcher politischen Vereine nicht beiwohnen. Werden dieselben auf Aufforderung des anwesenden Abgeordneten der Obrigkeit nicht entfernt, so ist Grund zur Auflösung der Versammlung oder Sitzung vorhanden."

Aber nicht nur in Bayern und Preußen durften Frauenvereine, die sich im Vormärz und während der Revolution 1848 gebildet hatten, sowohl um die Revolution zu unterstützen, als auch eigene Frauenforderungen zu vertreten, ihre Arbeit nicht mehr fortsetzen. In Mainz musste sich der Frauenverein „Humania-Verein für vaterländische Interessen", der rund 7.000 Mitglieder hatte, in Dresden der „Frauenverein für hilfsbedürftige Familien" auflösen. Beide Zusammenschlüsse waren eher sozial als politisch ausgerichtet. Zum Verhängnis wurden ihnen ihre revolutionären Wurzeln und – dass sie sich um verfolgte Aufständische kümmerten.

Waren nach der gescheiterten Revolution von 1848 Frauen und Männer gleichermaßen von der politischen Unterdrückung betroffen, entspannte sich die politische Situation für die Männer bald. Mit der Gründung des deutschen Kaiserreichs 1871 erhielten alle Männer das Wahlrecht zum Reichstag. Die politischen Parteien, parlamentarischen Strukturen und der Staatsapparat, die bis heute das politische System der Bundesrepublik bestimmen, wurden ausschließlich von Männern entwickelt und dementsprechend patriarchal geprägt.

Von der legalen politischen Tätigkeit und Zusammenarbeit mit Männern ausgeschlossen, entwickelten Frauen ihre eigenen autonomen Arbeitsfelder und -formen. Sie beschränkten sich auf Erziehungs-, Bildungs- und Sozialarbeit, die als unpolitisch deklariert wurden und denen bis heute nicht der gleiche politische Stellenwert wie Außen-, Innen-, Militär- oder Finanzpolitik, die klassischen männlichen Politikfelder, zuerkannt wird. Die Arbeiterinnenbewegung, die auch die Tarnung ihrer Vereine als unpolitisch nicht vor Verfolgung durch Polizei und Justiz schützte, entwickelte mit den Vertrauensfrauen ein Organisationsprinzip, dass das Vereinsrecht unwirksam machte.

Als das erste Reichsvereinsgesetz 1908 die Frauen diskriminierenden Ländervereinsbestimmungen außer Kraft gesetzt hatte, sich die Frauen legal politisch betätigen konnten und in der zweiten deutschen Revolution im November 1918 ihr Wahlrecht durchsetzten, da hatten sich die Männer längst politisch etabliert. Ihre Bereitschaft, die Frauen an der politischen Macht gleichberechtigt teilhaben zu lassen, war sehr gering. Das Politikverbot für Frauen behinderte also nicht nur sechzig Jahre lang das politische Engagement von Frauen, es zeigt seine Auswirkungen bis heute.

Wer die politische Gleichstellung und Emanzipation der Frauen erreichen will, muss sich klar darüber werden, wodurch diese bis heute behindert wurde. Die Rückschau auf den hürdenreichen Weg der Frauen in die Politik will hierzu einen Beitrag leisten. In einer kurzen Vorgeschichte soll mit dem Vorurteil aufgeräumt werden, dass Frauen in vorbürgerlichen Gesellschaften nicht an der Politik beteiligt waren. Anschließend werden vielfältige politische Aufbrüche von Frauen von der Aufklärung bis 1848 vorgestellt.

Am Auftreten der Frauen während der 1848er Revolution werden die wahren Gründe für das Politikverbot gegen Frauen verdeutlicht. Das Politikverbot behinderte und beeinträchtigte zwar die politische Interessenvertretung von Frauen, doch konnte es weder die Entwicklung einer Frauenbewegung noch deren Politisierung verhindern. Nach 1908 ging es um Beibehalt oder Aufgabe der Autonomie der Frauenbewegung, nach 1914 um Unterstützung oder Widerstand gegen den Krieg.

Die Novemberrevolution brachte den Frauen 1918 das Wahlrecht, die Weimarer Republik ihre „grundsätzliche" Gleichberechtigung. Doch wie sah die politische Praxis aus? Haben die Wählerinnen Hitler an die Macht gebracht und welche Folgen hatte die NS-Diktatur für die politische Partizipation der Frauen? Warum gelang es den Frauenausschüssen nach 1945 nicht langfristig, mehr Fraueneinfluss zu sichern? Was hat die neue Frauenbewegung nach 1968 politisch bewirkt? Und ist die politische Gleichstellung mit einer

Frau im höchsten Regierungsamt der Bundesrepublik abgeschlossen?

All diesen Entwicklungen und Fragestellungen, denen ich bei meinen Recherchen und Führungen zur Frauengeschichte in Berlin seit mehr als zwanzig Jahren nachgehe, sollen anhand konkreter Beispiele beleuchtet werden. Dass die meisten Beispiele aus Berlin stammen, ist meiner Frauengeschichtsforschungs- und -vermittlungsarbeit in Berlin geschuldet und nicht dem elitären Blick der Hauptstädterin. Beispiele aus anderen Städten und Regionen verdanke ich nicht zuletzt der unermüdlichen Spurensuche von „Miss Marples Schwestern", dem Netzwerk zur Frauengeschichte vor Ort.

Claudia von Gélieu
Berlin, Februar 2008

Vorspiel

Als Wiege der Demokratie gilt das antike Griechenland, der Stadtstaat Athen. Der mythologischen Überlieferung nach hatten die Frauen Athens die gleichen politischen Rechte wie die Männer, bis es bei der Abstimmung, ob Orestes für die Ermordung seiner Mutter Klytemnaestra bestraft oder freigesprochen werden solle, zu einem Patt zwischen den Männern und Frauen Athens kam.

Die dieser Abstimmung vorausgegangene Geschichte ist bekannt: Die Griechin Helena war dem Trojaner Paris in seine Heimat gefolgt, nach anderer Darstellung von ihm entführt worden. Ihr Ehemann Menelaos zog gegen Troja in den Krieg, um Helena zurückzuholen. Die griechischen Fürsten unterstützten ihn. Doch ihre Flotte konnte wegen Flaute nicht auslaufen. Deshalb opferte ihr Anführer Agamemnon seine älteste Tochter Iphigenie gegen den Einspruch ihrer Mutter Klytemnaestra.

Die Eroberung Trojas durch die Griechen und deren Rückkehr in die Heimat dauerte viele Jahre. Doch Klytemnaestra hatte die Ermordung ihrer Tochter nicht vergessen. Sie rächte deren Tod nach der Heimkehr Agamemnons. Gemeinsam mit ihrem Geliebten Aigisthos erschlug sie Agamemnon im Bad. Der Sohn Orestes wiederum tötete die Mutter und deren Liebhaber. Von Erinnyen, den griechischen Rachegöttinnen, verfolgt, musste Orestes fliehen und fand keine Ruhe mehr, bis er Zuflucht in Athen nahm und erklärte, sich dem Gerichtsspruch der Stadt zu beugen.

Während die Athenerinnen daran festhielten, dass der Muttermord als das schändlichste Verbrechen durch nichts zu rechtfertigen sei, gestanden die Athener Orestes das Recht zu, den Tod des Vaters zu rächen. Damit stand das traditionelle Mutterrecht gegen ein neu proklamiertes Vaterrecht. Die Stimme Athenes, der göttlichen Namenspatronin der Stadt, sollte den Ausschlag geben, welches Recht höher zu bewerten sei.

Die Männer versprachen Athene, ihr zu Ehren einen großen neuen Tempel zu errichten, wenn sie ihren göttlichen Schiedsspruch zugunsten des Patriarchats treffen würde. Sollte sie sich aber auf die Seite des Matriarchats stellen, würden sie Athene als Schutzgöttin absetzen. Und die weibliche Göttin, die dem Kopf ihres Vaters Zeus entsprungen sein soll, also keine Mutter hatte, erklärte Orestes für unschuldig.

Dieses Urteil Athenes leitete ein neues Zeitalter ein. Zur Sicherung der männlichen Macht wurde den Frauen das Stimmrecht aberkannt, ihnen ihr Mitspracherecht auf der Agora genommen und sie ins Haus verbannt. Öffentliche Angelegenheiten waren fortan den Männern vorbehalten.

Warum begehrten die Athenerinnen nicht auf gegen ihre Entmachtung? Der Mythos gibt darauf keine Antwort. Waren die Frauen verwirrt, weil das neue Recht von einer Frau begründet worden war? Lähmte es ihren Widerstandsgeist, dass eine Frau ihnen in den Rücken gefallen war?

Die Orestes-Sage symbolisiert den Abschluss eines längeren Prozesses, in dem das Matriarchat immer weiter zurückgedrängt wurde. Bereits Helena wurde nicht mehr das Recht zugestanden, selbst darüber zu entscheiden, mit welchem Mann sie zusammenleben wollte. Die Königin musste ihr Land aufgeben und ihrem Geliebten in seine Heimat folgen, wo sie nur noch die gehasste Fremde war. Frauen wurden – wie Iphigenie – von Männern für ihre Zwecke geopfert. Beim Kampf um Troja vernichteten die Griechen die Amazonen. Frauen wurden – wie Kassandra, die trojanische Seherin, der die Männer Trojas kein Gehör geschenkt hatten und die Agamemnon mit nach Griechenland verschleppte – zur Kriegsbeute der Männer.

Und da sich das Matriarchat aus der Mutterschaft ableitete, mussten die Männer, bevor sie die Alleinherrschaft erringen und die Frauen unterdrücken konnten, auch deren Gebärfähigkeit für sich reklamieren. Diesen Zweck erfüllte die Kopfgeburt der Athene durch Zeus. Damit wurde eine Ideologie begründet, in der Vernunft über der Natur und der Mann über der Frau steht.

„Da es ihnen ein Laster von Natur aus ist, sich nicht regieren zu lassen ..." –
In der Feudalzeit

Um die Nutzung des gemeinschaftlichen Backhauses abzustimmen, trafen sich in Vorzeiten sonntags nach dem Mittagessen alle Frauen des Dorfes, die in der folgenden Woche Brot backen wollten, bei einer Nachbarin. Es wurde festgelegt, wer an welchem Tag und in welcher Reihenfolge backen durfte. Wurde keine Einigung erzielt, entschied das Los. Dieser Brauch hieß „Backspiel". Dabei tauschten die Frauen auch den neuesten Dorfklatsch aus und besprachen andere Angelegenheiten des Dorfes. Frauen, die von außerhalb eingeheiratet hatten, begegneten beim „Backspiel" zum ersten Mal den anderen Frauen des Dorfes.

Überliefert ist das „Backspiel" aus dem kleinen Dorf Melperts aus der hessischen Rhön, das zwanzig Höfe umfasste. Praktiziert wurde es, bis im Laufe des 20. Jahrhunderts immer mehr Familien ihr Brot beim Bäcker kauften. Wie alt das „Backspiel" ist, lässt sich nicht mehr zurückverfolgen. Doch ist davon auszugehen, dass es sich um eine sehr alte Tradition handelt, andere Dörfer ähnliche Backordnungen kannten und auch für andere kommunale Gemeinschaftseinrichtungen solche Regeln entwickelt wurden. Und wenn es sich um Frauenaufgaben oder -belange handelte, wird die Entscheidung ebenfalls in Frauenhand gelegen haben.

Die Hebammenwahl ist ein anderer Bereich für Frauenselbstbestimmung aus feudaler Zeit. In vielen Gemeinden wählten die verheirateten Frauen im gebärfähigen Alter auf einer Versammlung ihre Hebamme. Da zu deren Aufgaben auch Untersuchungen von Frauen im Auftrag von Gerichten und Polizei oder die Anzeige unehelicher Schwangerschaften gehörten, übte die Hebamme und damit eine Frau ein öffentliches Amt aus.

Diese beiden Beispiele zeigen, dass bei der Frage nach der politischen Beteiligung von Frauen in der Vergangenheit nicht heutige Verhältnisse und Maßstäbe zugrunde gelegt werden dürfen. Kindbett und Brotversorgung waren keineswegs Nebensächlichkeiten, sondern hatten fundamentale Bedeutung für das Leben der Menschen.

Auch die meisten Männer hatten nur wenige Rechte, die Alltagsangelegenheiten betrafen, die wie bei den Frauen aus alten Gewohnheiten abgeleitet und regional sehr unterschiedlich gehandhabt wurden. Dass Stadtluft frei macht, galt für Frauen nicht. Sie besaßen umso mehr Mitgestaltungsmöglichkeiten, je mehr Bedeutung alten Bräuchen zukam und je weniger formell geregelt war. Und dies traf eher auf das Land als auf die Stadt zu, wo neue Bestimmungen eingeführt wurden.

Was immer wieder als weiblicher „Klatsch und Tratsch" angeprangert wurde, war die informelle Macht der Frauen, die sie durch den Austausch und die Diskussion von Informationen erlangten. Nach Hannah Arendt ist Kommunikation das wichtigste politische Mittel. Ein anderes Beispiel ist die inoffizielle Beteiligung von Frauen an öffentlichen Ämtern. Die Ehefrau des Schultheißen, in protestantischen Gegenden auch die Pfarrersfrau, war häufig für die weiblichen Mitglieder der Gemeinde zuständig.

Von weiblicher Amtsanmaßung berichtet Christina Vanja aus einem Dorf in der Nähe von Kassel. In Breitenbach tagte im 17. Jahrhundert ein „Weibergericht". Frauen urteilten über eheliche Verfehlung nicht nur ihrer Geschlechtsgenossinnen, sondern auch der Männer. Ihre Gerichtsverfahren wurden als nicht legitimiert von der Obrigkeit verboten, die „Richterinnen" gerügt.

An der häuslichen und familiären Macht, der vor der Trennung von privatem und öffentlichem Raum und der Verlagerung von immer mehr Aufgaben aus dem Haus eine ganz andere Bedeutung zukam als heute, hatte die Frau des Hauses maßgeblichen Anteil. Selbst wenn der Mann als Familienoberhaupt und Haushaltsvorstand galt, mussten alle anderen Familienmitglieder und Hausangehörige wie Knechte und Mägde oder Gesellen und Lehrlinge ihren Anweisungen Folge leisten. Sie besaß die Schlüsselgewalt über die Vorräte, entschied in ihrem Zuständigkeitsbereich allein und vertrat diesen auch außerhalb des Hauses, wie das „Backspiel" oder die Hebammenwahl zeigen.

Auch die Feudalmacht, gegenüber der die meisten Männer und Frauen gleichermaßen rechtlos waren, konnte in der Hand von Frauen liegen. Obwohl Frauen von der Thronfolge in den meisten deutschen Fürstentümern ausgeschlossen waren, regierten sie in Abwesenheit ihrer Ehemänner oder anstelle ihrer unmündigen Söhne. Erinnert sei nur an so bekannte Beispiele wie die Kaiserinnen Adelheid und Theophanu am Beginn des Heiligen Römischen Reiches deutscher Nation und Maria Theresia an seinem Ende. Äbtissinnen, die von Nonnen gewählt wurden, leiteten nicht nur Frauenklöster. Mit deren Landbesitz war weltliche Macht verbunden. Gleiches galt für Lehnsherrinnen und Frauen als Hofbesitzerinnen oder Handwerkerinnen. Als Witwen oder in Vertretung ihrer Ehemänner konnten sie durchaus ein Mitspracherecht in Gremien wie Gemeinde- und Zunftversammlungen besitzen, die ansonsten Männern vorbehalten waren.

Wo Frauen indirekt über ihre Ehegatten, Söhne oder andere Männer politischen Einfluss nahmen, hat ihr Wirken bis heute wenig Anerkennung gefunden. In der Regel werden die Verdienste, die sie sich dabei erwarben, den Männern zugeschrieben. In der Mark Brandenburg gilt dies zum Beispiel für die Kurfürstin Elisabeth von Dänemark, die ihres reformierten Glaubens wegen ihren Mann und das Land verließ und im Exil lebte, bis sich der von ihr beeinflusste Sohn nach dem Tod des Vaters als neuer Kurfürst zum neuen Glauben bekannte.

Ebenso wenig brachte der so genannte Große Kurfürst sein Land nach dem verheerenden Dreißigjährigen Krieg allein zu neuer Blüte – dieses Verdienst gebührt vor allem seinen beiden Ehefrauen. Die erste, Luise Henriette von Oranien, ermöglichte durch ihre reiche Mitgift und sechstausend Menschen, die sie aus ihrer Heimat mitbrachte, einen Neuanfang. Die Holländer und Holländerinnen bevölkerten die Mark Brandenburg nicht nur wieder, sie legten das Sumpfland trocken, förderten durch den Kanalbau Transport und Handel, führten neue Nutzpflanzen wie zum Beispiel die Kartoffel und neue Methoden der Milchverarbeitung ein. Die zweite, Dorothea von Glücksburg-Lüneburg, die erste Bodenspekulantin Berlins, sorgte für die Anlage neuer Stadtviertel außerhalb der mittelalterlichen Stadtgrenzen. Und die Schwiegertochter, Sophie Charlotte, Preußens erste Königin, bescherte dem Land die Akademie der Wissenschaften. Doch solche weit reichenden Einflussmöglichkeiten besaßen nur die Ehefrauen mächtiger Männer.

Zunächst hatte der Stand mehr Bedeutung als das Geschlecht. Dies änderte sich mit der beginnenden Neuzeit. Vor dem Hintergrund wirtschaftlicher Krisen und Umbrüche wurden Frauen aus Handwerkszünften ausgeschlossen und aus Berufen verdrängt. Mit der Hexenverfolgung wurden Ängste vor Frauen geschürt und weiblicher Widerstand unterbunden. Die Beteiligung von Frauen ist aus allen Volksunruhen und -aufständen überliefert.

„Da es ihnen ein Laster von Natur ist, sich nicht regieren zu lassen, … so streben sie nach der Hexerei", heißt es im 1486 von zwei Dominikanermönchen im Auftrag des Papstes verfassten *Hexenhammer* über die Frauen. Jede Frau, die nicht ihrem Ehemann gehorchte, sich nicht widerspruchslos der von Männern ausgeübten kirchlichen und weltlichen Macht unterordnete, lief Gefahr, der Hexerei bezichtigt zu werden und auf der Folterbank und dem Scheiterhaufen zu landen. Besonders betroffen von der Hexenverfolgung waren unverheiratete und verwitwete Frauen, die keiner direkten männlichen Kontrolle durch einen Ehemann unterstanden.

1789 begann mit der Revolution in Frankreich ein neues politisches Zeitalter. König und Königin landeten auf dem Schafott, gleichzeitig wurde eine bürgerliche Verfassung proklamiert. Obwohl die Frauen maßgeblichen Anteil am revolutionären Geschehen hatten, blieben sie von den neuen Menschenrechten ausgeschlossen. Als Mensch wurde der Mann definiert. Die andere Stellung der Frau wurde nicht mehr mit der von Gott gegebenen Ordnung begründet, sondern aus der Natur abgeleitet.

Doch die Frauen nahmen dies nicht ohne Widerspruch und auch nicht ohne Widerstand hin. Olymp de Goughes, die die rechtliche Gleichstellung für ihr Geschlecht forderte, wurde 1793 auf der Guillotine hingerichtet. Im gleichen Jahr wurden die revolutionären Frauenclubs in Frankreich verboten.

Auch in Deutschland stellten Frauen die ihnen zugeschriebene Rolle infrage: „Es ist Menschenunkunde, wenn sich die Leute einbilden, unser Geist sei anders und zu anderen Bedürfnissen konstituiert, und wir könnten zum Exempel ganz von des Mannes oder Sohnes Existenz mitzehren. Man liebt, hegt, pflegt wohl die Wünsche der Seinigen, fügt sich ihnen; macht sie sich zu den höchsten Sorgen und dringendsten Beschäftigung: aber erfüllen ... können die uns nicht", schrieb Rahel Levin verheiratete Varnhagen van Ense an ihre Freundin, die Schauspielerin Pauline Wiesel.

Mit ihrem Salon schuf Rahel Levin den neuen Ideen der Aufklärung, die unter den repressiven politischen Bedingungen in Deutschland zunächst nur im kulturellen und privaten Bereich wirksam werden konnten, einen Raum. Die philosophischen und literarischen Salongespräche waren aber nicht nur Ersatz für praktische Politik. „Kunst ist, das mit Talent darstellen, was sein könnte", kennzeichnete Rahel Levin deren utopische und gesellschaftsverändernde Dimension.

Der Salon hob die Grenzen zwischen Politik und Kultur, privat und öffentlich ebenso wie andere gesellschaftliche Schranken und Normen auf. Da er im privaten Raum stattfand, waren Frauen nicht ausgeschlossen. Die Salonièren ließen sich nicht auf die Rolle der Gastgeberin, die für das leibliche Wohl der Gäste zuständig war, beschränken. Sie mischten sich auch in die geistige Unterhaltung ein und bestimmten diese maßgeblich. Die ansonsten bei Gesellschaften übliche Separierung in Männer- und Frauengesprächskreise wurde überwunden. Nicht Stand und Geschlecht waren entscheidend, sondern der einzelne Mensch als individuelle Persönlichkeit.

Im Salon begegneten sich nicht nur verheiratete und unverheiratete Männer und Frauen auf neue Art und Weise. Erstmals trafen Menschen unterschiedlicher Herkunft aufeinander, Adlige und Bürgerliche, Christen und Juden. Der Salon, der wöchentlich an einem bestimmten Tag abgehalten wurde, war allen zugänglich, eine Einladung nicht erforderlich. Damit war er eine öffentliche Institution unter dem Schutzmantel der privaten Zusammenkunft. Themen wurden diskutiert und Utopien entwickelt, die sonst Opfer der Zensur geworden wären.

Außerhalb des Salons fand die dort praktizierte Toleranz jedoch ebenso wenig Fortsetzung wie die Anerkennung der Frauen als gleichberechtigte Menschen. „Ich bin doch immer nur die Jüdin geblieben", musste Rahel Varnhagen an ihrem Lebensende resigniert feststellen. „Dienen lerne beizeiten das Weib" heißt es bei dem von ihr hoch verehrten Johann Wolfgang von Goethe. Und Friedrich Schiller dichtete: „Der Mann muss hinaus ins feindliche Leben … Und drinnen waltet die züchtige Hausfrau". Adolph Knigge empfahl den Frauen in seinem Standardwerk *Über den Umgang mit Menschen*, sich „an die Bestimmung der Natur" zu halten. Die Salonièren waren für ihn Ausnahmen.

Für Heinrich Heine war Rahel Varnhagen „die klügste Frau des Universums". Ihr Salon, den er in den 1820er Jahren besuchte, war allerdings ein anderer geworden. Der aus dem neuen Denken der Aufklärung hervorgegangene klassische literarische Salon war mit der Besetzung Preußens und Berlins durch die französischen Truppen 1806 zu Ende gegangen. Hoffnungen auf gesellschaftliche Veränderungen, die mit den Stein-Hardenbergschen Reformen und den Befreiungskriegen verbunden waren, hatten sich nicht erfüllt. Nach dem Sieg über Napoleon begann eine Phase der Reaktion. Von neuen Zusammenkünften wie der „Deutschen Tischgesellschaft" waren Frauen wieder ausgeschlossen.

Rahel Levin hatte 1814 im Alter von 43 Jahren den 13 Jahre jüngeren Karl Varnhagen van Ense geheiratet. In dieser Partnerschaft konnte sie ihre Vorstellung von Emanzipation praktisch leben. Und so wie hinter jedem berühmten Mann eine Frau steht, war es Varnhagen, der nach dem Tod Rahels 1833 für ihren Nachruhm sorgte, indem er mehr als sechstausend ihrer Briefe sammelte und einige auch veröffentlichte.

Nach der Hochzeit hatte das Paar mehrere Jahre im Ausland gelebt. Erst nachdem Varnhagen 1819 aus politischen Gründen aus dem diplomatischen Dienst ausscheiden musste, waren sie nach Berlin zurückgekehrt. Sie bezogen ein repräsentatives Haus in der Friedrichstraße. Statt dem dünnen Tee des früheren Salons gab es nun Menüs mit mehreren

Gängen. Aber Rahel Varnhagen galt das Innere eines Menschen weiterhin mehr als der äußere Schein. Ihr Salon behielt seinen eigenen Charakter, während die anderen auf Repräsentationszwecke reduziert wurden und die Frauen zurück in die traditionelle Rolle als „Frau des Hauses" schlüpften.

In den Salons des 19. und des 20. Jahrhunderts ging es kaum noch um den Austausch und die Entwicklung neuer Ideen. Politisch waren sie höchstens noch in dem Sinne, dass hier Beziehungen aufgebaut und gepflegt wurden – für die Karriere und Geschäfte der Männer.

Ein wirklich politischer Salon, wie ihn Katharina von Oheimb in den 1920er Jahren in Berlin am Kurfürstendamm führte, war eine Ausnahme. Die Unternehmerin und ehemalige Reichstagsabgeordnete, die wegen ihres Rates und ihrer Vermittlung geschätzt wurde, sah im Salon bessere Wirkungsmöglichkeiten als in den formellen politischen Strukturen. Aber auch sie stellte, als sie 1927 den Politiker Siegfried von Kardorff heiratete, ihren Salon und ihre Talente in die Dienste ihres Ehemannes.

Während Rahel Varnhagens Wirkungsfeld der Salon blieb, durchbrachen andere Frauen bald die eigenen vier Wände. Am wenigsten Widerstand begegnete ihnen dabei dort, wo ihr Wirken „frauengemäß" blieb und die Gesellschaftsordnung nicht infrage stellte, wo ihr Wirken „vaterländischen" Interessen diente und sich auch außerhalb des Hauses der patriarchalen Herrschaft unterordnete.

Als der preußische König Friedrich Wilhelm III. im Februar 1813 in seinem Appell „An mein Volk" die Männer aufrief, als Freiwillige in den Krieg gegen die französische Besatzung zu ziehen, da forderte der Dichter Kotzebue die Frauen auf, ein Amazonenheer zu bilden. Doch die Frauen, die sich an den Kampfhandlungen beteiligen wollten, mussten sich wie Eleonora Prohaska alias August Renz als Männer verkleiden.

Im Herbst 1813 wurde das Dienstmädchen Johanna Stegen mit dem „Eisernen Kreuz" ausgezeichnet, das als Orden für die Kriegsfreiwilligen eingeführt worden war. Als den Männern bei einer Schlacht in der Nähe Lüneburgs die Munition ausging, soll sie entscheidend zum Sieg beigetragen haben, weil sie für Nachschub sorgte. In Berlin bekam Johanna Stegen nicht nur ein Ehrengrab, auch eine Straße wurde nach ihr benannt. Die Geschichte des „Heldenmädchens von Lüneburg" wurde zum ersten Mal kurz vor dem Ersten Weltkrieg und ein zweites Mal kurz vor dem Zweiten Weltkrieg veröffentlicht. Das sollte den militärischen Kampfeinsatz von Frauen befördern.

Im März 1813 initiierten acht preußische Prinzessinnen den „Vaterländischen Frauenverein", um die Vaterlandsliebe der Frauen in frauengemäße Bahnen zu lenken. Er sammelte Geld für die Ausstattung der männlichen Kriegsfreiwilligen, Waffen und Munition, kümmerte sich um die Errichtung von Lazaretten und die Verwundetenpflege. Nach dem Vorbild des „Vaterländischen Frauenvereins" schlossen sich andere Frauen zusammen, um sich den Folgen des Krieges anzunehmen, die für die Zivilbevölkerung auch vor den modernen Bombenkriegen des 20. Jahrhunderts gravierend waren.

Wilhelmine von Boguslawski, die Ehefrau eines Generalmajors und Heeresreformers, rief in Berlin den „Weiblichen Wohltätigkeitsverein" ins Leben. Damit die Männer beruhigt ihr Leben für das Vaterland opfern konnten, wollte er sich um die Waisen und Witwen sorgen. Den Spendengeberinnen und -gebern garantierte er, dass ihre Almosen nur an wirklich Hilfsbedürftige weitergeleitet würden. Die adligen und bürgerlichen Damen christlicher und jüdischer Konfession, die Wilhelmine von Boguslawski um sich gesammelt hatte, machten sich zu Kontrollgängen in die unbekannten Armutsviertel Berlins auf und trafen auf eine ihnen bisher völlig unbekannte Welt.

Sehr schnell erkannten Wilhelmine von Boguslawski und ihre Mitstreiterinnen, dass die Verteilung von Lebensmitteln, Heizmaterial, Kleidung oder Geld die Notlage der Betreuten nur vorübergehend zu mildern vermochte. Um Witwen und Waisen, die ihren männlichen Familienernährer verloren hatten, eine neue Existenzgrundlage zu sichern, mussten Erwerbsmöglichkeiten für sie geschaffen werden. Zu diesem Zweck finanzierte der „Wohltätigkeitsverein" Material, das in Heimarbeit, zum Teil auch in neu errichteten Werkstätten, verarbeitet wurde, und übernahm den Absatz der Produkte. Außerdem organisierte er Kinderbetreuungen, damit die Mütter in Ruhe arbeiten konnten.

Als auf diese Weise innerhalb kurzer Zeit ein Auskommen für mehrere Hundert Menschen geschaffen worden war, bot Wilhelmine von Boguslawski der Stadt Berlin an, die Fürsorge für deren 12.000 anerkannte Arme zu übernehmen und das Armutsproblem der gesamten Kommune zu lösen. Neben ihren bereits erfolgreich installierten Arbeitsbeschaffungsmaßnahmen wollte sie eine Kasse einrichten, in die alle Erwerbstätigen einen gewissen Betrag einzahlen sollten, um im Falle der Erwerbslosigkeit daraus Unterstützung zu beziehen. Aufgegriffen und umgesetzt wurde diese Arbeitslosenversicherung in Deutschland erst mehr als hundert Jahre später in der Weimarer Republik.

Zu Beginn des 19. Jahrhunderts scheiterte Wilhelmine von Boguslawskis Initiative an unüberwindlicher patriarchaler Gegenwehr. Ein anonymer Autor beschwor die Gefahr einer bedrohlichen Allianz „in der Regel ganz getrennter Klassen", der Armen und der Frauen, beide gleichermaßen entmündigt und rechtlos. Vom preußischen König, an den sich Wilhelmine von Boguslawski mit der Bitte gewandt hatte, Kasernen als Unterkünfte für Obdachlose zur Verfügung zu stellen, wurde sie mit einem Zuschuss zur Einrichtung einer Handarbeitsschule für Mädchen abgespeist. Die städtische Armendi-

rektion, deren Armenanstalten sie als „übertünchte Gräber"
bezeichnet hatte, wies ihre Einmischung in öffentliche Angelegenheiten zurück. Der Polizeipräsident verbot Berichte des
Vereins über das Elend der Berliner Armen, und Staatskanz-
ler Hardenberg ließ Wilhelmine von Boguslawski streng zu-
rechtweisen.

Der „Weibliche Wohltätigkeitsverein" und dessen kre-
ative Vorsitzende blieben auf ihre privaten Aktivitäten verwiesen, die über den Tod von Wilhelmine von Boguslawski
im Jahre 1839 hinaus fortgesetzt wurden. In den vierziger
Jahren des 19. Jahrhundert verlieren sich dann die Spuren des
Vereins. Heute ist er wie andere frühe sozialreformerische
Bestrebungen von Frauen vergessen. Günstigenfalls wird an
sie als weibliche Wohltätigkeit erinnert – ihre politische Dimension bleibt verkannt.

Während der Befreiungskriege war es erstmals zu einem breiten gesellschaftlichen Engagement von Frauen, das
sich in zahlreichen Vereinsgründungen niederschlug, gekommen. Viele setzten ihre Arbeit auch danach fort. Zumindest eine Organisation existiert, wenn auch unter anderem
Namen und nicht mehr als reiner Frauenzusammenschluss,
bis heute. Der 1813 gegründete „Vaterländische Frauenverein" wurde während der preußischen Kriege in den 1860er
Jahren reaktiviert und Königin Augusta übernahm die
Schirmherrschaft. In den Statuten wurde der Aufgabenbe-
reich um die zivile Krankenpflege erweitert. Als Dependance
des „Internationalen Roten Kreuzes" erhielt er den Beinamen
„Deutsches Rotes Kreuz", unter dem er bis heute als eine der
größten Wohlfahrtseinrichtungen der Bundesrepublik
Deutschland tätig ist.

Wie die Frauen um Wilhelmine von Boguslawski durch ihr
soziales Engagement während der Befreiungskriege sah sich
Bettina von Arnim durch ihre Hilfe für die Opfer der Berliner

Choleraepidemie 1831 erstmals mit den sozialen Missständen der Stadt konfrontiert. Am schlimmsten hatte es die Armenviertel – wie das Berliner Vogtland in der Rosenthaler Vorstadt – getroffen. 1843 veröffentlichte sie die „Erfahrungen eines jungen Schweizers im Vogtlande" als Anhang ihres *Königsbuches.* Sie hatte den Studenten Heinrich Grumholzer beauftragt, die Bewohnerschaft der „Wülknitzschen Familienhäuser" nach ihren Lebensverhältnissen zu befragen. „In vierhundert Gemächern wohnen zweitausendfünfhundert Menschen", berichtet das *Königsbuch* über die ersten Mietskasernen Berlins. Deren Unmenschlichkeit und Hoffnungslosigkeit und dass diese nicht von den dort lebenden Menschen selbst verschuldet waren, brachte Bettina von Arnim mit der für die damalige Zeit ungewöhnlichen sozialempirischen Studie an die Öffentlichkeit.

Bettina von Arnim hatte ihr Buch demjenigen gewidmet, den sie für das von ihr angeprangerte soziale Elend verantwortlich machte: „Dieses Buch gehört dem König". Wer nichts gegen die sozialen Missstände unternimmt, durch die Menschen kriminell werden, sei der eigentliche Verbrecher, lässt die Autorin „Frau Rath", die verstorbene Mutter Goethes, die sie als ihr Sprachrohr benutzt, erklären. Mit einem Pfarrer und einem Bürgermeister führt „Frau Rath" ein fiktives Gespräch, in dem sie sowohl die Meinung der Kirche als auch der weltlichen Macht widerlegt.

Mit der Ablehnung des politischen Rates der Frauen und dessen Notwendigkeit wird sich Bettina von Arnim in ihrem späteren Buch *Gespräch mit Dämonen* auseinandersetzen: „Ja bei Gelegenheiten, von denen eine Frau keinen Verstand zu haben behauptet wird, da steht als dem Mann derselbigen ihm allein zugemessene Verstand still, dass er wehklagt: Ach, was fangen wir an? – Da antwortet die Frau und schlägt dem Nagel auf den Kopf. – Die Welt wird immer hinkend bleiben, wenn der Verstand auf dem Mann seiner Seit hinüber hinkt, mit dem er die verrückte Weltangelegenheit so schwermütig hinter sich drein schleppt."

Dass Bettina von Arnim sich in ihrem *Königsbuch* hinter „Frau Rath" versteckt, war ebenso wie die Widmung des Buches ein taktischer Schachzug gegen die Zensur, der alle Veröffentlichungen in Preußen unterlagen. Die erste politische Publikation Bettina von Arnims erweckte dadurch den Anschein der Fortsetzung ihres sozial harmlosen Buches *Goethes Briefwechsel mit einem Kinde*, in dem die Mutter Goethes bereits eine wichtige Rolle gespielt hatte. In beiden Büchern erweckt die Autorin den Anschein, als sei sie nur die Dokumentarin. Eine solche Absicherung vor politischer Verfolgung war nicht übertrieben, wenn der Herrscher als Sklavenhändler bezichtigt und Freiheit für alle gefordert wurde, wie es die Autorin des *Königsbuches* mutig öffentlich tat: „Ist der Staat dem Volke ein treuer Vater, entwickelt er seine Kräfte, respektiert er seine natürlichen Anlagen, betätigt er seine Energie, sichert er ihm sein Recht der Freiheit und freut sich seiner Stärke, oder rügt er vielmehr an ihm seine Entwicklung ins Freie, Große, Göttliche? … Was ist der Staat dem Volke? Ein herrischer Sklavenhändler, der Tauschhandel mit ihm treibt, und darum den Knechtsinn ihm einquält; der Machtansprüche verhängt über es und sein darbendes, angefochtenes, tausendfach geärgertes Herz in den Sumpf versenkt frömmelnder Moral, der über seinen aufstrebenden Geist den Sargdeckel zuschlägt oder auch mit dem Halsband eines Hundes die Kehle ihm zuschnürt."

Mit der „frömmelnden Moral" spielte Bettina von Arnim unmissverständlich auf den preußischen König Friedrich Wilhelm IV. an. War es gezielte Provokation, dass sie ihm persönlich ihr Buch schickte? Wegen dieser Geste wird Bettina von Arnim ebenso wie wegen der Widmung „Dieses Buch gehört dem König" bis heute der Vorwurf gemacht, sie habe die Illusion gehabt, Friedrich Wilhelm IV. zur Änderung seiner Politik bewegen zu können. Ihre politischen Utopien wurden als Spinnereien einer Romantikerin abgetan. Dabei spielte nicht nur ihr Geschlecht, sondern auch ihr anderes Verständnis von Politik eine Rolle. „Wär' ich auf dem Thron, so wollt' ich die Welt mit lachendem Mut umwälzen", schrieb sie in ihrem „Günderrode"-Buch. War das nicht genug Beweis für ihre Unernsthaftigkeit?

Nach dem *Königsbuch* arbeitete Bettina von Arnim am so genannten *Armenbuch*. Diesmal sollte die Auseinandersetzung mit den sozialen Missständen den Betroffenen selbst gewidmet sein. „Den Hungrigen helfen, heißt jetzt Aufruhr predigen, hat mir jemand geschrieben und den Rat damit verbunden, den Druck nicht fortzusetzen", schrieb sie 1844 in einem Brief. Noch bevor das Buch erscheinen konnte, kam es drei Jahre später zum Aufstand in Berlin. Er ging von Frauen aus.

„In unserer Zeit, wo man vor allen Dingen Muth haben muss, habe ich auch den freudigen Muth, mich fragend und bittend an Sie zu wenden", schrieb Clara Mundt, die unter dem Namen Luise Mühlbach Romane publizierte, 1845 an Bettina von Arnim. „Weil Sie dem Lichte angehören, weiß ich, dass Sie das Dunkel und die Dunkelmänner scheuen und verachten müssen. An wen sollte man sich lieber wenden, als an Sie, wenn es darauf ankommt, öffentlich gegen diese Dunkelmänner, die das reine Gotteslicht verfinstern, zu protestieren?" Offensichtlich wollte Clara Mundt die berühmte Kollegin Bettina von Arnim für den 1845 in Berlin gegründeten „Frauenverein zur Unterstützung der deutschkatholischen Gemeinden" gewinnen. Deutschkatholiken, so nannte sich Anfang der 1840er Jahre die aus der katholischen Kirche heraus entstandene oppositionelle Bewegung, die heftige Kritik an der Kirchenhierarchie mit dem Vatikan in Rom an der Spitze übte. Statt die feudale fürstliche Macht weiter zu legitimieren, forderten sie Parteinahme für das Volk und Engagement gegen die sozialen Missstände.

„Freunde des Lichts" hießen die sich parallel hierzu herausbildenden evangelischen Freigemeinden, die das gleiche Anliegen wie die Deutschkatholiken vertraten. Aus der Kritik der christlichen Kirchen entwickelte sich innerhalb weniger Jahre eine neue freireligiöse Weltanschauung und soziale Massenbewegung mit mehr als hunderttausend Mitgliedern, die zu einem der wichtigsten Träger der ersten deutschen Revolution 1848 wurden. Die religiöse Aufbruchstimmung wurde von Frauen mitgetragen und führte zur Entwicklung der ersten deutschlandweiten Frauenbewegung in der Revolutionszeit.

Die Schriftstellerin und Frauenrechtlerin Louise Otto, die mit den Freireligiösen sympathisierte und 1847 unter dem Titel *Römisch und Deutsch* einen Roman zur oppositionellen katholischen Bewegung veröffentlichte, stellte fest: „Aber vor allem ist es die religiöse Bewegung, welcher wir den schnellen Fortschritt der weiblichen Teilnahme an den Fragen der Zeit verdanken." Dazu gehörten nicht nur allgemeine religiöse, soziale und politische Themen, sondern auch neue Ehe- und Erziehungsvorstellungen, die mit dem konservativen Frauenbild brachen. Die Frauenfrage war zentral für die Freireligiösen. Wie die Sozialisten im Proletariat sahen manche Freireligiöse in der unterdrückten Frau die „Welterlöserin".

Viele freireligiöse Gemeinden wurden von Frauen initiiert und aufgebaut. Sie stellten fast die Hälfte der Mitglieder, in manchen Gemeinden sogar die Mehrheit, und repräsentierten ein ungewöhnlich breites soziales Spektrum – von der Lehrerin, Händlerin, Putzmacherin bis zum Dienstmädchen, von Handwerkergattinnen bis zu Tagelöhnertöchtern. Sie leisteten wichtige Beiträge zur Finanzierung und zur alltäglichen Arbeit der Gemeinde, sie betrieben Kindergärten, richteten die erste „Hochschule für Frauen" in Hamburg ein und organisierten sozialen Unterstützung. Frauen traten erstmals öffentlich als Rednerinnen auf, verfassten offene Briefe, Aufrufe und Flugschriften.

Die Freireligiösen boten Frauen die Chance, die jahrhundertelang gepredigte christliche Begründung der Herrschaft der Männer über die Frauen infrage zu stellen, die Rolle der Kirchen bei der Unterdrückung der Frauen aufzuzeigen und den Ausschluss der Frauen von den Gemeindeämtern zu überwinden. In einer nach wie vor religiös geprägten Gesellschaft waren das wichtige Schritte zur Emanzipation der Frau. Die religiöse Sphäre, ein den Frauen traditionell zugänglicher öffentlicher Bereich, erleichterte ihre Beteiligung und Mitwirkung. Allerdings überschritten sie dabei sehr schnell das ihnen Zugestandene.

In seinem Gründungsjahr 1845 hatte der Berliner „Frauenverein zur Unterstützung der deutschkatholischen Gemeinden" zu einem Vortrag *Die Frau im Altertume und die christliche Frau* eingeladen. Öffentlich zu wirken, wurde als Recht und Pflicht der Frauen aus einer Geschichte des Neuen Testaments abgeleitet: Weil Maria bei Jesus und seinen Jüngern saß und den Worten Jesu lauschte statt ihrer Schwester bei deren Beköstigung zu helfen, beschwerte sich Martha bei Jesus. Der antwortete darauf mit den Worten: „Maria hat den besten Teil erwählt, der soll ihr nicht genommen werden." Diese Legende wurde immer wieder zur Legitimation der freireligiösen Betätigung von Frauen angeführt.

Innerhalb der demokratischen Strukturen, die die Freireligiösen nach dem Vorbild der frühchristlichen Gemeinden entwickelten und die sie als Keimzelle für eine neue Gesellschaft betrachteten, wurden Frauen erstmals als gleichberechtigte Mitglieder anerkannt. Sie durften über alle Gemeindeangelegenheiten nicht nur mit beraten, sondern auch abstimmen und die Vorstände mit wählen. 1843 führte Julius Rupp, der Großvater von Käthe Kollwitz mütterlicherseits, als erster in seiner Königsberger Gemeinde auch das passive Wahlrecht für weibliche Mitglieder ein. Allerdings wurden nur wenige Frauen in führende Funktionen gewählt. Deshalb verlangten sie in manchen Gemeinden eine Quotierung. Frauen und Männer sollten entsprechend ihrem Mitgliederanteil in den Ämtern vertreten sein. Ob dies irgendwo umgesetzt wurde, ist nicht bekannt.

Waren von Anfang an – nicht nur in Berlin – neben den freien Gemeinden Frauenvereine zu deren Unterstützung entstanden, widmeten sich diese autonomen Frauenzusammenschlüsse im Laufe der Zeit immer stärker den eigenen Fraueninteressen. Der Hamburger Frauenverein erklärte: „Je klarer und selbstbewusster wir aber hinwiederum die Bedeutung unseres eigenen geistigen Lebens erkannten, desto mehr fühlten wir uns berufen, auch mit Freudigkeit und Hingebung für das geistige und materielle Wohl unseres Geschlechts zu wirken."

Anders als die meisten anderen Frauenorganisationen, die sich während der Befreiungskriege und 1848 zur Unterstützung der Revolution bildeten, erklärten die freireligiösen Frauengruppen die Emanzipation der Frauen zu ihrem Ziel, ohne damit die Beteiligung an den sonstigen gesellschaftlichen Auseinandersetzungen aufzugeben. So rief der Hamburger Frauenverein die Frauen auch zur „Teilnahme an den Kämpfen, die die Gegenwart bewegen" auf, und dokumentiert damit ihren politischen Charakter.

Die Entwicklung zu einer feministischen Bewegung, der ersten in Deutschland überhaupt, drückt sich auch in den Namen aus, die die insgesamt 35 bekannten freireligiösen Frauenorganisationen trugen. Hießen die ersten noch „Frauenverein zur Unterstützung christkatholischer Schulkinder" oder „Frauenverein zur Unterstützung Kranker und Hilfsbedürftiger", wurde immer häufiger die Bezeichnung „Frauenverein" ohne jeglichen Zusatz üblich.

Hatten die freireligiösen Frauenvereine von Anfang an den Kontakt und Austausch untereinander gesucht, rückte ihre Zusammenarbeit, je mehr die Frauenvereine sich der Frauenfrage zuwandten und andere Gemeindebelange in den Hintergrund traten, immer mehr in den Vordergrund. Im Zuge der Revolution bildeten sie einen nationalen Zusammenschluss und konstituierten damit die erste organisierte überregionale Frauenbewegung, der schätzungsweise zwischen zwei- bis dreitausend Frauen angehörten. Wie die oppositionellen religiösen Gemeinden wurde sie ein Opfer der staatlichen Repressionsmaßnahmen nach der gescheiterten Revolution von 1848.

Doch kritisches Denken gegenüber Religion, kirchlicher und staatlicher Obrigkeit, oppositionelle Kultur, politische Erfahrungen und das entstandene Frauenbewusstsein blieben wirksam und bildeten eine wichtige Basis für die sich ab den 1860er Jahren neu organisierende Frauenbewegung. Dass die Frauenvereine, die aus der deutschkatholischen Bewegung hervorgingen, „eigentlich ganz dasselbe wollten, was wir heute erstreben …", darauf wies die Schriftstellerin und Frauenrechtlerin Louise Büchner in einem Vortrag im Jahre 1876 hin. Auch die ab 1859 sich wieder konstituierenden freien Gemeinden wurden erneut zu einer wichtigen Basis der politischen Frauenemanzipation. Namhafte Vertreterinnen der sozialistischen Frauenbewegung wie Agnes Wabnitz oder Ida Altmann kamen aus ihren Reihen.

„Wir wollen nach der Revolution!" –
Frauen in der Revolution 1848

Im Herbst 1846 hatte es eine Missernte gegeben. Waren die Lebensmittel dadurch bereits den ganzen Winter über knapp und teuer gewesen, spitzte sich die Versorgungssituation im Frühjahr 1847 zu. Das galt vor allem für die Bevölkerungsschichten, die nicht über die nötigen Mittel verfügten, um Vorratshaltung zu betreiben, also für die Arbeiterfamilien. Nicht einmal mehr Kartoffeln konnten sie sich leisten. Geschickt nutzten die Händlerinnen die große Nachfrage, die das geringe Angebot überstieg, die Preise für die schlechte Ware so hoch zu treiben, dass die Arbeiterfrauen sie nicht mehr bezahlen konnten und ihrer Verzweiflung ebenso wie ihrer Wut Luft machten.

„Mit jedem Markttage wurde die Stimmung der Arbeiter bedrohlicher, es gab oft heftige Wortwechsel zwischen Käufern und Verkäufern, bei denen die ihrer Zungen- und Schimpffertigkeit wegen seit alters her berühmten Hökerinnen in dem Glauben an den Schutz der Polizei häufig genug die hungernden Käufer, die um den Preis der Kartoffeln handeln wollten, frech verhöhnten. War einmal der Markt schwächer als gewöhnlich durch auswärtige Verkäufer besucht, dann benutzten die Hökerinnen sofort den glücklichen Umstand zu einer plötzlichen Steigerung des Preises, und sie wurden dabei getreulich durch die Bauern unterstützt, welche natürlich für ihre Kartoffeln möglichst hohe Preise zu erzielen suchten.

So geschah es auch am 21. April auf dem Gendarmenmarkt. Eine Hökerin, welche beim Beginn des Marktes noch die Metze Kartoffeln zu zwei Silbergroschen verkauft hatte, schlug plötzlich den Preis bis zu 4 Silbergroschen auf.

Ihr Beispiel fand bei den nächststehenden Bauern sofort Nachahmung."

Durch die männliche Sprache wird in diesem zeitgenössischen Bericht von Adolf Streckfuss nicht auf den ersten Blick deutlich, dass es sich bei den Agierenden auf beiden Seiten überwiegend um Frauen handelte. Nicht „Käufer" erledigten den Einkauf, sondern Käuferinnen. Auch der Gemüseanbau und -verkauf war traditionell eher eine Domäne der Bäuerinnen als der Bauern. Erst im folgenden Teil treten die Frauen zutage: „Ein wilder Tumult erhob sich. Der unerschwingliche Preis erregte den tiefsten Unwillen der Käufer, die Kartoffeln haben mussten, um die Kinder zu Hause zu sättigen, und sie doch nicht bezahlen konnten. Anfangs gab es nur Schimpf- und Drohreden, die von den Hökerinnen und Bauern derb erwidert wurden, dann aber riss den Arbeiterfrauen der zu straff gezogene Faden der Geduld. Eine Frau war es, die zuerst das Signal zur Gewalttat gab; mit einem scharfem Messer schnitt sie einen der zum Verkauf aufgestellten Kartoffelsäcke auf, die Kartoffeln rollten auf den Boden und sofort warf sich jubelnd und schreiend die Menge über dieselben. Jeder suchte zusammenzuraffen, was er finden konnte, niemand dachte mehr ans Bezahlen ..."

Mit der Plünderung auf den Märkten war der Skandal nicht beendet, er begann mit derselben vielmehr erst. Die Arbeiter rotteten sich zusammen. Eine wilde Schar, welche zum Teil aus Weibern bestand, zog durch die Straßen, um die Bäcker- und Fleischerläden zu plündern ... Erst spät am Abend gelang es dem energischen Einschreiten der Polizei, die Ruhe wiederherzustellen.

Schon früh am Morgen des 22. April wiederholten sich die Straßenskandale in verstärktem Maße. Aus den Vorstädten zogen singend und jubelnd große Massen zerlumpten Gesindels nach dem Alexanderplatz, wo Markt abgehalten werden sollte. ‚Wir wollen nach der Revolution!', schrieen sie den Arbeitern zu, die ihnen auf der Straße begegneten und forderten sie zur Teilnahme auf.

‚Nach der Revolution!' Dies war das Losungswort an jenem Tage ... Der Tumult gewann eine solche Ausdehnung, dass Militär einschreiten und die Königsstraße sperren musste. Während dies aber hier geschah, wurden in anderen Stadtgegenden die Läden ungestört geplündert ... Auch am folgenden Tage, dem 23. April, würde sich der Tumult wiederholt haben, denn wieder kamen die Vorstädter in dichten Scharen zu den Toren herein, sie fanden die Stadt aber so vollständig von Militär besetzt, dass sie keine Plünderungen wagen durften ... Auch die Dörfer in der Nähe Berlins wurden durch Militär geschützt. ...

Die Kartoffelrevolution, diesen Namen hat der unglückliche Aufstand des Proletariats in der Berliner Geschichte erhalten, war mit dem 22. April beendet. Sie hatte nicht den geringsten politischen Hintergrund und dennoch eine große Bedeutung, denn sie zeigte, dass in der sonst so ruhigen Stadt Berlin der günstige Moment einen Sturm erzeugen konnte. Ein zusammengelaufener Volkshaufen vermochte zwei Tage lang die Hauptstadt in Schrecken zu setzen, obwohl er ohne Halt in der Bürgerschaft dastand. Was war zu erwarten, wenn die Bürgerschaft sich dem Aufstand anschlösse? Das sollte die Zukunft bald lehren."

Die Zeitgenossen waren erschreckt über die aufgebrachten „Furien". Das öffentliche vor Gewalt nicht zurückschreckende Auftreten der Frauen, das so gar nicht in das verbreitete Frauenbildklischee von der sittsamen Hausfrau und braven Mutter passte, wurde als besonders schamlos und verwerflich hingestellt. Interessant ist auch, wie Streckfuss einerseits der „Kartoffel-Revolution" jegliche politische Dimension abspricht und sie andererseits als gefährliche Vorhut einer kommenden Zeit sieht.

Die Hungerunruhen beschränkten sich nicht auf Berlin. Und überall waren es Frauen, von denen die Initiativen ausgingen. In Halle wurden zum Beispiel 75 Beteiligte verurteilt. Zwei Drittel davon waren weiblich. Wie in Berlin waren Märkte und Läden die Schauplätze der Unruhen. An manchen Orten gingen die Frauen auch aktiv gegen den drohenden Export von Kartoffeln und Getreide und gegen Zwischenhändler vor, die die knappen Lebensmittel aufkauften, um sie später gegen Aufpreis wieder zu verkaufen und so die Teuerung künstlich anheizten.

Obwohl die „Kartoffelrevolution" der Frauen in Berlin durch das Militär niedergeschlagen und die so genannten Rädelsführer, darunter viele „Führerinnen", verhaftet wurden, war sie erfolgreich. Erreicht wurde nicht nur die Festsetzung eines Höchstpreises für Kartoffeln, das Beispiel ermutigte andere. „Es wurde nicht mehr ruhig in Berlin", heißt es in einer Überlieferung. Flugschriften kursierten, in denen die sozialen und politischen Missstände kritisiert und Änderungen gefordert wurden. Überall wurden Diskussionen geführt und Klubs gegründet. All dies mündete im März 1848 in die erste deutsche Revolution.

Der Berliner Kartoffelaufstand zeigt, dass das Politikverbot für Frauen nach dem Scheitern der Revolution nicht eingeführt wurde, um Frauen vor politischer Verführung zu schützen. In Wirklichkeit fürchteten sich die herrschenden Männer, die 1848 gerade noch einmal ihre Köpfe und ihre Macht retten konnten, vor den unkalkulierbaren Frauen. „Da werden Weiber zu Hyänen!", hatte Friedrich Schiller über die Frauen in der französischen Revolution gedichtet. Die Pariserinnen waren 1789 zu Tausenden nach Versailles gezogen und hatten den König gezwungen, sich in Gefangenschaft zu begeben. In Deutschland hatten die Frauen ein Jahr vor den Männern revoltiert. In Berlin waren 1847 die Scheiben des Stadtschlosses eingeworfen worden.

Elf Frauen waren unter den 150 Menschen, die am 18. März 1848 vor dem Berliner Schloss und in den anschließenden Barrikadenkämpfen getötet wurden: zwei Arbeitsfrauen, zwei Dienstmägde, eine Handarbeiterin, eine Schneiderin, die Ehefrauen eines Korbmachers, eines Seidenwirkers und eines Webermeisters, die Witwe eines Tischlergesellen und die Tochter eines Obersteuerinspektors. Zu den wenigen erhaltenen Gräbern auf dem „Friedhof der Märzgefallenen" im heutigen Volkspark Friedrichshain in Berlin gehört das Kreuz für Henriette Fuchs.

Sich namentlich zur Revolution zu bekennen, dazu gehörte unter diesen Bedingungen viel Mut: „Franziska Matthiaß, Nanny Asche, Parey, Minna Michelet, Matilde Wilm, Susanne Rotenwald sind zur Entgegennahme jeder Art weiblicher Handarbeit und sonstiger Liebesspenden bereit, deren Verkauf zum Besten der Witwen und Waisen unserer gefallenen Brüder und zur Unterstützung verwundeter Mitkämpfer geschieht."

Während diese Berlinerinnen in einer Zeitung zur Unterstützung der Hinterbliebenen aufriefen, machte die sächsische Schriftstellerin Louise Otto zur gleichen Zeit in einem offenen Brief auf die Situation der Frauen aufmerksam und forderte das Recht auf Erwerb für ihr Geschlecht. Als „Adresse eines Mädchens an den hochverehrten Minister Oberländer, an die durch ihn berufene Arbeiterkommission und an alle Arbeiter" wurde ihr Appell am 20. März 1848 in der Leipziger Arbeiterzeitung abgedruckt.

Bereits fünf Jahre vorher hatte sich dieses „sächsische Mädchen" zur politischen Beteiligung von Frauen in den *Sächsischen Vaterlandsblättern* in einer Leserinnenzuschrift geäußert. „Wenn alle Menschen zur Teilnahme an der Gemeinde, dem Staate usw. berufen sind, in welcher besonderen Weise werden dann die Frauen ihre Teilnahme äußern?", hatte Robert Blum in einem Artikel gefragt. 1847 hatte Louise Otto zu Blums *Volkstaschenbuch* das Kapitel *Teilnahme der weiblichen Welt am Staatsleben* verfasst.

Demokratie konnte nach Louise Ottos Auffassung nicht ohne Frauen verwirklicht werden. Deshalb war für sie die gleichberechtigte politische Teilhabe der Frauen nicht nur ein Recht, sondern eine Pflicht. „Selbständig müssen die deutschen Frauen werden, nur dann werden sie auch fähig sein, ihre Pflicht, teilzunehmen an den Interessen des Staates, immer auf die rechte Weise nachzukommen. Diese Selbständigkeit kann nur durch individuelle Bildung befördert werden; denn nur ein selbständiges Herz führt zum selbständigen Handeln."

Louise Otto vertraute darauf: „Wenn die Zeiten gewaltsam laut werden, kann es nicht fehlen, dass auch die Frauen ihre Stimme vernehmen und ihr gehorchen." Doch das Problem waren die Männer. Revolutionäre, die wie Robert Blum der politischen Gleichberechtigung der Frauen offen gegenüberstanden, blieben eine Ausnahme. „Wo sie das Volk meinen, zählen die Frauen nicht mit", musste Louise Otto feststellen und kritisierte dies heftig: „Wir müssen den redlichen Willen oder die Geisteskräfte der Freiheitskämpfer in Frage stellen, welche nur die Rechte der Männer, aber nicht zugleich auch die der Frauen vertreten."

Louise Otto sah sich in ihrer Position bestätigt, dass die Frauen selbst ihre Interessen vertreten müssten. „Die Geschichte aller Zeiten und die heutige ganz besonders lehrt, dass diejenigen auch vergessen werden, welche an sich selbst zu denken vergaßen!", begründete sie am 21. April 1849 in der ersten Ausgabe ihrer *Frauenzeitung* deren Notwendigkeit. Sie wurde zur Plattform für vielfältige Frauenthemen wie der notwendigen Organisation von Frauen, dem Arbeiterinnenelend, der Einrichtung von Kindergärten etc., dem Austausch der Leserinnen durch Briefe und berichtete unter der Rubrik *Blick in die Runde* über das Engagement von Frauen in ganz

Deutschland wie auch über dessen zunehmende Unterdrückung.

„Ja, wenn die Männer den ganzen Tag in ihren Clubs und Wahlversammlungen sitzen, dann müssen die Frauen, welche natürlich mit echtem Männerdünkel aus allen Clubs ausgeschlossen sind, versuchen, wenigstens die Geschichte besorgen!", schrieb die Schriftstellerin Luise Mühlbach alias Clara Mundt am 6. Mai 1848 an Gustav Kühne. Ihr Mann Thomas Mundt gehörte wie Kühne zu den Jungdeutschen und war der Berliner Korrespondent für Kühnes Zeitschrift *Europa*. Doch weil Mundt als Kandidat für das neue Parlament keine Zeit dafür hatte, blieb es seiner Frau Clara überlassen, die Ereignisse aus dem revolutionären Berlin festzuhalten.

Bei den Wahlversammlungen „sollen die Persönlichkeiten der Wahlkandidaten durchgenommen, da soll ihr Familienleben geprüft werden", berichtete Clara Mundt an Kühne. „Haben sie doch neulich einen Wahlkandidaten von der Liste gestrichen, weil er seine Frau schlägt!" Allerdings hielt sie dies für eine „höchst kleinliche, höchst erbärmliche Inquisition, ... was in aller Welt hat denn das Privatleben mit dem politischen Charakter zu schaffen!"

Theodor Mundt war vorgeworfen worden, „er sei der Erste gewesen, welcher für die Emanzipation der Frauen und gegen die Ehe geschrieben. Mundt sagte, für die Emanzipation der Frauen im edleren und höheren Sinn habe er immer geschrieben und werde es immer tun, aber für das, was man jetzt Emanzipation nenne, für die Beinkleider unsittlicher Damen' habe er sich nie interessiert".

Frauen, die sich in Männerkleidern Zugang zu den Clubs verschafften und sich an revolutionären Aktionen beteiligten, lehnte Theodor Mundt wie viele andere Revolutionäre ab. Und Clara Mundt teilte diese Auffassung offenbar, denn sie gab sie unkommentiert weiter. Auch Louise Otto distanzierte sich in der ersten Nummer ihrer *Frauen-Zeitung*, um „diese Zeitung vor Missverständnissen zu schützen", von den ‚sogenannten ‚Emancipierten'". Das waren für sie diejenigen, „die das Wort ‚Frauen-Emancipation' in Misskredit gebracht haben, indem sie das Weib zur Karikatur des Mannes herabwürdigten". Und in einem Beitrag über *Die Demokratinnen* in der Ausgabe vom 26. Januar 1850 hieß es: „Die Frivolen und Unsittlichen möchten teils die Demokratie zum Deckmantel eines wüsten Lebens brauchen, teils meinen sie sogar zu solchem Leben als Demokratinnen berechtigt zu sein."

Dass Frauen, die sich als Männer tarnten, sich nicht nur dem Vorwurf der falsch verstandenen Emanzipation aussetzten, sondern gar damit rechnen mussten, als Spioninnen verdächtigt zu werden, zeigt ein Bericht von Adolf Streckfuss. Als im Juni 1848, weil die wiederholt geforderte und zugesagte Volksbewaffnung ausblieb, Revolutionäre zur Selbsthilfe griffen und das Berliner Zeughaus stürmten, beteiligte sich daran auch Lucie Lenz in Männerkleidung. Der von Streckfuss als „bekannte schöne Demokratin" Bezeichneten gelang es ein Gewehr zu erbeuten, mit dem sie auf dem Molkenmarkt von der Polizei verhaftet wurde. Alsbald wieder freigelassen, wurde ihr Verrat nachgesagt. „Es ist später vielfach erzählt worden, die junge Dame habe der Reactionspartei als Spionin gedient und im Auftrag derselben habe sie häufig aufreizende Reden gehalten, deshalb sei sie von jeder Verfolgung verschont geblieben."

Dass auch alle verhafteten Männer nach kurzer Zeit wieder auf freien Fuß gesetzt worden waren, weil die Behörden in der aufgeheizten Stimmung weitere Provokationen vermeiden wollten, spielte keine Rolle. Eine politisch radikal und konsequent auftretende Frau galt per se als unglaubhaft und verdächtig, weil unvorstellbar. Über Lucie Lenz konnte außerdem gleichzeitig der „Demokratische Frauenverein", zu dessen Vertreterinnen sie gehörte, in Misskredit gebracht werden.

Weil sie von den Clubs und den Wahlen ausgeschlossen waren, blieb den Frauen nichts anderes übrig, als ihre eigenen Zusammenkünfte einzuberufen und sich zu einer eigenen Organisation zusammenzuschließen. In Berlin verlangte der „Demokratische Frauenverein", dass auch die Frauen ihre eigenen Delegierten zu den Verfassungsgebenden Versammlungen für Preußen und Deutschland wählen können sollten. Als dies vergeblich blieb, schickten sie Petitionen an die Nationalversammlung, in denen sie wie Louise Otto forderten, „das Los der armen, von ihren Prinzipalen geknechteten Arbeiterinnen zu verbessern".

Unter dem Titel *Herr Bullrig will't aber nich haben, dass seine Frau Mietgliedin wer'n soll von'n ,demokratischen Frauensklubb'* kursierte im Revolutionsjahr 1848 in Berlin ein Flugblatt, dass alle Vorurteile gegen politisch aktive Frauen und den „Demokratischen Frauenverein" auf ironische Weise thematisierte. Auch hier geht es darum, wer die Hosen anhat. Die Männer befürchten aber durch die Emanzipation der Frauen nicht nur, das Sagen zuhause zu verlieren, sondern vor allem ihre häusliche Bequemlichkeit.

Eine Strafpredigt,
gehalten von Herr Bullrigen an seine Gattin Eulalie
Eulalie, wat willste? Mitgliedin willste wern bei'n ,demokratischen Frauensklub'? Ich sage Dich, det unterstehste Dir, denn sollste mir kennen lernen. – So lange haste mir undern Pantoffel gehabt; jetzt hört det uf! Ick will Dir zeigen, det ick die Hosen habe, un nich Du! – ... Du besuchst bloß Deine Freundinnen? – Wat sind denn des vor Kinder? Seh'se Dir mal ornd'tlich an. Da is Nummer Eens: det verloofne Weibsbild, die gerne die George Sand spielen möchte; die mit die

Mannskleeder un abgeschnittene Haar wie 'ne Verrückte rumlooft, sich in die Bierkneipen rumdreibt un in Schleswig-Holstein, ruhmreichen Angedenkens vor Preußen, mank die Soldaten geschlafen hat! – Emanzipiert nennst Du es? – Ja, des heeßt von alle Weiblichkeit. Un so sind die Mehrschten beschaffen! –

... Das Wohl von'n Staat wollt Ihr beraten! –

Seht mal Eure Hemden an! wat die vor'n Staat uf de Leine machen. Knoten sind drin, wie die Kinderköppe so groß un Löcher, det zehn Katzen keene Maus finden. Det is der ‚Staat', um den Ihr Euch zu bekümmern habt! – Ne, ich werde nich det Maul halten, verstehste mir? Ick bin gerade derjengte, welcher am meisten durch die liederliche Wirtschaft zu leiden hat. Ick muss det Morgens die Betten machen un ausfegen, währenddessen Du die *Reform* und die *Lokomotive* lesen dust.

Ick muss mir selber kochen, wenn ick wat essen will un muss Dir sogar manchmal een bisken wat Warmes in't Bette bringen. – Ja streichle mir man die Backen, Eulalia, det hilft Dir allens nischt! Nachen Klub derfste nich mehr gehn, det untersag ick een vor allemal als Bürgerwehr un Ehegatte ... Nu sei gut mein Schäfken! un bedenke, det Ihr Frauens blos in die Nähe- und Kinderstube zu regieren habt. Die Pulletik, det ist Sache vor uns Männer ...!

Das „Weibsbild" in „Mannskleeder", die in Schleswig-Holstein „mank de Soldaten geschlafen hat", war eine Anspielung auf Louise Aston, die sich aktiv an den dortigen bewaffneten Auseinandersetzungen gegen Dänemark und der Verteidigung der revolutionären Errungenschaften beteiligt hatte. Aufsehen hatte sie schon vor der Revolution erregt. 1844 hatte sich die geschiedene allein erziehende Mutter in Berlin niedergelassen, um hier als Schriftstellerin ihren Lebensunterhalt für sich und ihre Tochter zu verdienen. Dass sie in anarchistischen Intellektuellen- und Künstlerkreisen wie den „Berliner Freien" verkehrte, hatte ihr eine anonyme Anzeige eingebracht, in der sie beschuldigt wurde, „die frivolsten Herrengesellschaften zu besuchen, einen Klub emanzipierter Frauen gestiftet zu haben und nicht an Gott zu glauben". Damit „sie der Verführung nicht so ausgesetzt sei" und „um wahrhaft für ihr Seelenheil zu sorgen", war sie 1846 auf Anweisung des preußischen Ministers Bodelschwingh als „staatsgefährdende Person" aus Berlin ausgewiesen worden.

Die Obrigkeit befürchtete, „dass sie ihre künftigen Schriften, die gewiss so frei wie ihre Ansichten sind, hier verbreitet". Doch Louise Aston ließ sich nicht mundtot machen. Aus dem Exil im nahe gelegenen Köpenick veröffentlichte sie ihre Lebensgeschichte und ihre Auffassungen unter dem Titel *Meine Emanzipation, Rechtfertigung und Verweisung*. In dieser Schrift prangerte sie die bürgerliche Ehe und die sexuelle Gewalt gegen Frauen an und forderte grundsätzliche gesellschaftliche Veränderungen. „Wir Frauen verlangen jetzt von der neuen Zeit ein neues Recht; nach dem versunkenen Glauben des Mittelalters Anteil an der Freiheit dieses Jahrhunderts; nach der zerrissenen Karte des Himmels einen Freiheitsbrief für die Erde!"

Louise Astons utopisch-feministische Positionen waren nicht nur den Männern ein Dorn im Auge. Auch den meisten Frauen gingen sie zu weit. Selbst die Fortschrittlichen unter ihnen distanzierten sich von ihrer Art des öffentlichen Auftretens und Agierens, das sie für unweiblich erachteten. Louise Aston wiederum kritisierte den „Demokratischen Frauenverein" als zu bürgerlich und zu sehr auf Wohltätigkeit beschränkt. In der ersten Ausgabe ihrer im November 1848 gegründeten Zeitschrift *Der Freischärler* schrieb sie: „Der ,demokratische Frauenverein' hat einmal wieder eine Sitzung

gehalten im Affentheater. Da ist denn, habe ich gehört –
denn selbst bin ich nicht da gewesen, weil mich nichts mehr
anwidert als sentimentale Frivolität – auch die Rede gewesen
von Suppenanstalten und Frauenhemdenverfertigungsmanu-
faktursubscriptionseröffnungen und dergleichen; ferner aber
auch von Emanzipation der Frauen. Lucie Lenz hat die
Emanzipation der Frauen durch ‚Gottvertrauen und Welt-
achtung' definiert, indem sie sehr geistreich hinzugesetzt
haben soll, dass man nicht glauben möge, die Emanzipation
bestehe darin, dass die Frauen Cigarren rauchten und mit den
Männern im Trinken wetteiferten. Wofür muss Fräulein Lenz
wohl ihr weibliches Publikum halten, dass sie ihm diese jäm-
merlichen Gemeinplätze aufzutischen wagen konnte, und wie
borniert musste in der Tat dies Publikum sein, dass es die
sentimentale Rednerin nicht auspfiff."

Im Dezember 1848, als der Belagerungszustand über
Berlin verhängt wurde, musste die von Louise Aston heraus-
gegebene Wochenzeitung *Der Freischärler. Für Kunst und soziales
Leben* ihr Erscheinen einstellen und sie selbst, um der drohenden Verhaftung zu entgehen, aus der Stadt fliehen. Ihre
Revolutionserlebnisse verarbeitete sie in dem Roman *Revolution und Conterrevolution,* der 1849 erschien.

Bereits am 10. September 1848 hatte eine andere Frau
in Köln eine Tageszeitung ins Leben gerufen. Als Heraus-
geber der *Neuen Kölnischen Zeitung* wurde Fritz Anneke im
Kopf angeführt. Doch der saß seit Juli 1848 in Haft und
konnte lediglich einzelne Artikel zu der Zeitung beisteuern,
„die ich ganz allein mache, schreibe, redigiere, drucke", wie
seine Frau Mathilde Franziska Anneke schrieb. „Die Vernich-
tung der Herrschaft des Geldsackes und die gründliche Verbesserung der ganzen Lebenslage des arbeitenden Volkes" –
hieß es im Editorial der ersten Ausgabe über das angestrebte
Ziel der Zeitung. Als sie nach wenigen Wochen verboten
wurde, versuchte Mathilde Franziska Anneke sie als *Frauen-*

Zeitung, diesmal mit ihrem Namen als Herausgeberin, fortzusetzen. Doch bereits die dritte Ausgabe wurde von den Behörden konfisziert.

Bis heute ist umstritten, ob es sich bei der Zeitung von Mathilde Franziska Anneke wirklich um eine Frauenzeitung gehandelt habe. Da überhaupt nur zwei Nummern erscheinen konnten und von diesen beiden nur die erste erhalten geblieben ist, ist kein wirkliches Urteil möglich. Der Hauptartikel der ersten Nummer beschäftigte sich mit Erziehung, das durchaus als Frauenthema galt. Doch ging es in dem Beitrag vor allem um die öffentliche Bildung und die politische Forderung nach Trennung von Kirche und Schule. Dabei handelte es sich allerdings ebenso um eine zentrale Forderung der freireligiösen Gemeinden wie der freireligiösen Frauenbewegung.

Nach dem überraschenden und Aufsehen erregenden Freispruch von Fritz Anneke im Dezember 1848 konnte dieser die *Neue Kölnische Zeitung* wieder begründen. Nun war Mathilde Franziska Anneke erneut nur inoffizielle Mitarbeiterin. Im April 1849 mit der Führung der pfälzisch-badischen Revolutionstruppe betraut, wusste Anneke die Zeitung bei seiner Frau in guten Händen. Im Mai floh Mathilda Franziska Anneke zu ihrem Mann. Auch bei den bewaffneten Auseinandersetzungen fungierte sie als dessen Assistentin. Im Exil in den USA, wo sie maßgeblich an der Entwicklung der amerikanischen Frauenbewegung beteiligt war, schrieb sie ihre Memoiren einer Frau aus dem badisch-pfälzischen Feldzug. Darin setzt sie sich auch mit den Phantasien auseinander, die die Beteiligung von Frauen an den bewaffneten Auseinandersetzungen hervorrief.

„Hier will ich, wenn auch in Parenthese nur, erwähnen einer Ehre, die mir, wie ich höre, meine alte ‚Freundin', die *Kölnische Zeitung* hat angedeihen lassen. Sie lässt mich zur Zeit im badisch-pfälzischen Feldzug in dem fabelhaftesten Kostüm, das wohl jemals eine Frau getragen haben kann, auftreten. Ein wuchtiger Schleppsäbel, ein Hirschfänger, Muskete und Männerkleidung sind die Requisiten, die sie aus dem Lügenschrein auch für mich in Bereitschaft gehalten, und womit sie mich, zu dieser gelegenen Zeit, ausgerüstet hat; während ich doch, wie bereits oben bemerkt, unbewaffnet und immer in gewöhnlicher Frauentracht die durch ein leinenes Beinkleid zu einem Reitanzug completirt wurde, den Feldzug an der Seite meines Gatten mitgemacht habe."

Von den namhaften Revolutionärinnen war Louise Aston die einzige, die nicht mit einem Ehemann zusammen an den revolutionären Kämpfen teilnahm. Dass Mathilde Franziska Anneke, Emma Herwegh, Ida Freiligrath und Amalie Struve gemeinsam mit ihren Ehemännern kämpften, führt bis heute zur Unterbewertung des Mutes und des Einsatzes dieser Frauen, die sich alle nicht als Anhängsel ihrer Ehemänner verstanden, gleichberechtigte Partnerschaften lebten und sich nicht nur in der Revolution politisch engagierten. Die Ehemänner, die ihre Frauen nicht nach Hause schickten, wurden für ihr ungewöhnliches Verhalten als Schlappschwänze dargestellt, der Feigheit bezichtigt und lächerlich gemacht. Ein Paradebeispiel hierfür ist folgendes Gedicht von Heinrich Heine, das sich auf Emma und Georg Herwegh bezieht:

Als Amazone ritt neben ihm
Die Gattin mit der langen Nase;
Sie trug auf dem Hut eine kecke Feder,
Im schönen Auge blitzte Ekstase.

Die Sage geht, es habe die Frau
Vergebens bekämpft den Kleinmut des Gatten,
Als Flintenschüsse seine zarten
Unterleibsnerven erschüttert hatten.

Während der ersten deutschen Revolution waren Teilnahme und Engagement von Frauen unerwünscht, ihre Interessen und Forderungen unerhört geblieben. Nach der gescheiterten Revolution traf es die Frauen am härtesten und längsten. Fast sechzig Jahre wurde ihnen fast überall in Deutschland organisiertes politisches Wirken untersagt. In der Politik haben Frauen nichts zu suchen, darin waren sich Revolution wie Konterrevolution einig.

Im Mai 1850 kommentierte die *Frauen-Zeitung* von Louise Otto den Ausschluss der Frauen von politischen Organisationen durch das neue preußische Vereinsrecht: „Dass das Ministerium ... gute Gründe hatte, die Frauen von dem Besuche der Vereine auszuschließen, ... liegt auf der Hand. Ja – diese konstitutionell-preußischen Staatsretter fürchten den Einfluss, die Bedeutung, die Gewalt der Frauen über die Männer, sie fürchten die Begeisterung, den Enthusiasmus, die hingebende Aufopferung der Frauen. Die Geschichte sagt diesen preußischen Staatsrettern, dass die Frauen aller Nationen bei ihrer leichten Empfänglichkeit für neue Ideen, bei ihrer Auffassungsgabe, bei der Begeisterung, deren sie fähig sind, in Revolutionen und weltbewegenden, das Alte umstürzenden Krisen von großem Einfluss gewesen sind ..."

„Ein neuer Geist unter den Frauen" –

Die Frauenbewegung konstituiert sich

1851 waren vom preußischen Kultusministerium auch die Fröbelschen Kindergärten wegen „destructiver Tendenzen auf dem Gebiet Religion und Politik" verboten worden. So absurd dies heute anmuten mag – damals galten sie als Brutstätten demokratischer Opposition. Für diesen Verdacht reichte es, dass es vor allem freisinnige Frauenvereine und Gemeinden gewesen waren, die sich für die frühkindliche Erziehung nach den von Friedrich Fröbel entwickelten Prinzipien eingesetzt hatten. Friedrich wurde außerdem mit seinem Neffen Carl Fröbel verwechselt, der, unterstützt von der „Freien Gemeinde" in Hamburg, während der Revolution eine Hochschule der Frauen ins Leben gerufen hatte, die von der Freireligiösen Emilie Wüstenfeld geleitet und zu deren Dozentinnen Malvida von Meysenburg gehörte. Diese Einrichtung wurde ebenfalls 1851 verboten.

Erst 1859 gelang es einigen Berliner Frauen, die preußische Regierung von der Harmlosigkeit der Kindergärten zu überzeugen. Ihnen wurde gestattet, einen „Frauenverein zur Beförderung der Kindergärten" zu gründen, die erste nach Inkrafttreten des Frauen diskriminierenden Vereinsrechts zugelassene Frauenorganisation. „Dass mit diesem Vereine ein neuer Geist sich unter den Frauen Berlins bekundete, indem die Erziehungsfrage, einmal aufgetaucht, zum Ausgangspunkt der Frauenbewegung wurde", beschreibt Lina Morgenstern, die Mitinitiatorin und spätere Vorsitzende dieses Vereins, in ihrer 1893 verfassten ersten *Geschichte der deutschen Frauenbewegung* seine Bedeutung.

Der Kindergartenverein war nicht nur Basis und Tarnung für weitergehendes Frauenengagement, er verfolgte auch selbst politische Anliegen. Seit Pestalozzi galt Erziehung als Voraussetzung und Bestandteil von Gesellschaftsveränderung: „Wenn die Mutter Herz und Kopf des Kindes naturgemäß nicht belebt, dann ist weitere durchgreifende Reform der sozialen Zustände unmöglich".

Durch die Einrichtung so genannter „Volkskindergärten", in denen Kinder aus verschiedenen sozialen Schichten gemeinsam erzogen werden sollten, wollten die Frauen zur Klassenaussöhnung beitragen. Aber es ging auch um praktische Umverteilung. Indem reiche Familien den Hauptteil der Kosten trugen, sollte auch Arbeiterkindern ein Kindergartenbesuch ermöglicht werden. Doch während dieser Bedarf in Arbeiterfamilien groß war, hielten bürgerliche Kreise an der häuslichen Erziehung fest und lehnten die Begegnung ihrer eigenen Kinder mit Kindern aus anderen Milieus ab.

Die von Lina Morgenstern 1866 ins Leben gerufene Volksküchenbewegung stieß dagegen vor allem bei organisierten Arbeitern auf Vorbehalte. Angeblich wollten sich diese nicht von „bürgerlichen Ehrendamen" bevormunden und mit Almosen abspeisen lassen. In Wirklichkeit träumten sie von bürgerlicher Häuslichkeit, denn die Volksküchen waren keine der üblichen Suppenanstalten, sondern genossenschaftlich orientiert.

Preiswert durch Masseneinkauf und rationelle Herstellung in einer professionellen Großküche, wurden die nach den neuesten wissenschaftlichen Erkenntnissen zur menschlichen Ernährung in einer professionellen Großküche zubereiteten gesunden und schmackhaften warmen Mahlzeiten in einem Lokal ohne Alkoholausschank angeboten. Ziel war es, erwerbstätige Frauen vom Kochen zu entlasten und Kochen zu einem bezahlten Beruf zu machen. Vier bis zwölf Köchinnen konnten nach Lina Morgensterns Berechnungen eine warme Mahlzeit für dreihundert bis tausend Familien zubereiten. Bürgerliche Frauen, denen die Organisation und die Aufsicht der „Volksküchen" übertragen wurde, sollten über den Tellerrand ihres begrenzten häuslichen Gesichtskreises hinauszuschauen lernen, ihre hausfraulichen Fähigkeiten der Allgemeinheit zugutekommen lassen und mit ihrem ehrenamtlichen Einsatz einen sinnvollen gesellschaftlichen Beitrag leisten.

Dass die Volksküchenbewegung eigene politische Auffassungen vertrat, zeigte sich auch, als Lina Morgenstern mit ihrem Verein während des deutsch-französischen Krieges 1870/71 die Truppenverpflegung auf den Berliner Bahnhöfen übernahm. Sie machten keine Unterschiede zwischen den deutschen Soldaten und den französischen Kriegsgefangenen. Davon ließen sie sich auch durch zahlreiche nationalistische Anfeindungen nicht abbringen. Ebenso beharrten sie auf ihrer Autonomie. Erfolgreich widersetzten sie sich der Herausgabe ihrer gesammelten Bestände an das Kriegsministerium.

Für die Volkskindergärten und Volksküchen galt, wie es die Neue Frauenbewegung hundert Jahre später formulierte: „Das Private ist politisch". Mehrfachbelastungen von Frauen und unbezahlt geleistete Frauenarbeit sollten gesellschaftlich und professionell gelöst werden. Auch der Familie maß Lina Morgenstern politische Bedeutung bei. Ein „sittliches Familienleben", in dem die Frau nicht mehr „rechtlose Sklavin" des Mannes ist, war für Lina Morgenstern Voraussetzung für ein gutes Gemeinwesen: „Wo das Familienleben nicht gesund ist, kann auch der Staat sich nicht gesund entwickeln".

In der „Stellung und Behandlung der Frau" sah Lina Morgenstern einen „Gradmesser für das ganze Kulturleben eines Volkes". Sie trat für „das Recht auf Arbeit, die freie Berufswahl und die Gleichstellung vor den Gesetzen ohne Unterschied des Geschlechts" ein, hielt aber an den „natürlichen Unterschieden" von Frau und Mann fest: „Die Natur schuf die Frau als Mutter, als Pflegerin, als erste Erzieherin des Menschenkindes, als Gefährtin und Genossin des Mannes". Von „Mannweibern" wie Louise Aston distanzierte sie sich. Sie bezeichnete sie als „irregeleitet" und warf ihnen vor, die Emanzipation der Frauen zum Schreckgespenst gemacht zu haben.

Die auf die Erringung politischer Macht ausgerichteten männlichen Politikkonzepte waren den Frauen nicht nur durch das Politikverbot verschlossen, sie schienen ihnen auch nicht nachahmens- und erstrebenswert. Stattdessen entwickelten sie ein eigenes Politikverständnis. Frauen waren für sie Teil der Gesellschaft und des Staates und konnten diese durch ihr praktisches Handeln verändern. Die „natürlichen Gaben" der Frauen, insbesondere die ihnen zugeschriebene Mütterlichkeit, sollten nicht länger nur der eigenen Familie, sondern der Allgemeinheit zugutekommen. „Es soll das Haus zur Menschheit sich erweitern, Der heim'sche Herd zum Hochaltar der Welt", hatte Louise Otto bereits 1848 gedichtet. So wie eine Familie nur mit Vater und Mutter vollständig sei, könne auch der Staat nur durch das Zusammenwirken von Männern und Frauen Perfektion erlangen.

Dieses Konzept von der „geistigen Mütterlichkeit" wies Frauen und Männern zwar verschiedene Aufgaben im öffentlichen Bereich zu. Indem aber beide als gleichwertig, ja ihre Ergänzung als Notwendigkeit angesehen wurde, war damit der Herrschaft der Männer über die Frauen jegliche Legitimation entzogen. Mit der „geistigen Mütterlichkeit" begründeten die Frauen ihre Forderung nach gesellschaftlicher Gleichberechtigung, durch „organisierte Mütterlichkeit" schufen sie sich ihre eigenen gesellschaftlichen Betätigungsfelder vor allem im Bereich der von den Männern vernachlässigten sozialen Frage, die immer auch Frauenfrage war, weil die Frauen häufig stärker von sozialen Problemen betroffen waren.

So wie Pestalozzi und Fröbel die Professionalisierung der mütterlichen Erziehung gefördert hatten, betrieb die bürgerliche Frauenbewegung die Professionalisierung der sozialen Arbeit. Zu diesem Zweck gründete Alice Salomon 1908 die erste „Soziale Frauenschule" in Berlin, die evangelische und die katholische Frauenbewegung folgten ihrem Beispiel 1911 bzw. 1916. Indem aus dem ehrenamtlichen gesellschaftlichen Engagement ein bezahlter Beruf wurde, trat der politische Charakter immer mehr in den Hintergrund. Und mit der Kommunalisierung der sozialen Arbeit in der Weimarer Republik verloren die Frauen auch immer mehr die Selbstbestimmung über die von ihnen ausgeübten Tätigkeiten. Weil sie von Frauen entwickelt wurden, weil sie außerhalb des männlichen Politikverständnis standen, weil sie wegen des Politikverbotes für Frauen nie offen als politisch deklariert werden konnten, blieb ihnen bis heute die politische Anerkennung versagt.

Aber selbst bei der Verwirklichung politischer Zielsetzungen, die nicht als typisch weiblich galten, waren die Frauen den Männern voraus. Der 1848 angestrebte deutsche Nationalstaat wurde erst 1871 in Form des deutschen Kaiserreiches, ganz anderes als einst von der Revolution gedacht, umgesetzt. Die Frauen praktizierten bereits 1865 die „deutsche Einheit" von unten. „Das ganze Deutschland soll es sein!", hatte Louise Otto verlangt, als sich 1865 in Leipzig Frauen zu einem Bildungsverein zusammenschlossen. Sie, die während der Revolution mit ihrer Zeitung die Frauen aus ganz Deutschland vernetzt hatte, beteiligte sich an dem neuen Vorhaben nur unter der Bedingung, dass die Leipzigerinnen Frauen aus ganz Deutschland zu einem Kongress einluden. Noch im gleichen Jahr kamen 120 Frauen und auch einige Männer in Leipzig zusammen.

Zwei Tagen regen Austausches und Diskussionen folgte die Gründung des „Allgemeinen Deutschen Frauenvereins". Es war die erste Frauenorganisation, die Männer von der Mitgliedschaft ausschloss, weil sie auf das selbständige und unabhängige Handeln der Frauen Wert legte. Louise Otto hatte erklärt, „dass es das unweiblichste ist, was es gibt, wenn Frauen in ihren Frauenangelegenheiten die Männer entscheiden lassen. Was sich für sie ziemt und was sich nicht ziemt, wussten von je die Frauen selbst am besten". Das Motto des ADF lautete „Alles für die Frauen durch die Frauen".

Der ADF beschloss, seine Mitglieder jährlich an wechselnden Orten zu einem „Deutschen Frauentag" zu versammeln. Als Verbandsorgan erschienen ab 1866 die *Neuen Bahnen* vierzehntägig. Als wichtigstes Anliegen hatte der ADF in § 1 der Vereinsstatuten die Durchsetzung des Rechts auf Arbeit für alle Frauen festgeschrieben. Großen Stellenwert erhielt außerdem die Verbesserung der Bildungsmöglichkeiten von Frauen, weil höhere Bildung für bürgerliche Frauen Voraussetzung für die Ergreifung eines standesgemäßen Berufes war. Für die politische Gleichberechtigung wurde dagegen die Zeit noch nicht für reif befunden.

„Nach meiner persönlichen Überzeugung bin ich sogar für die allgemeine Gleichberechtigung der Männer und Frauen auch in politischen Angelegenheiten, also auch für das allgemeine Stimmrecht, und selbst, wenn eine Frau in den Reichstag gewählt würde, so würde dies den sozialen Fragen nur nützlich sein. Aber ich spreche dies nur im Prinzip aus, dafür wirken zu wollen, wäre noch zu früh", schrieb Louise Otto 1869.

Ganz anderer Auffassung war da die Schriftstellerkollegin Hedwig Dohm. 1873 erklärte sie: „Für mich liegt der Anfang allen wahrhaften Fortschritts auf dem Gebiete der Frauenfrage im Stimmrecht der Frauen." Drei Jahre später veröffentlichte sie das erste Buch zum Thema Frauenwahlrecht in Deutschland: *Der Frauen Natur und Recht. Zur Frauen-*

frage zwei Abhandlungen über Eigenschaften und Stimmrecht der Frauen. Sie hatte feststellen müssen, „dass, o heilige Einfalt, selbst sozialdemokratische Blätter mit Phrasen … von der Sprengung heiliger Familienbande, gegen das Stimmrecht der Frauen agitieren." Fünf Jahre, nachdem bei der Gründung des Kaiserreichs alle Männer ab 24 Jahren das Stimmrecht für den Reichstag erhalten hatten, setzte sich Hedwig Dohm mit den Argumenten für den Ausschluss der Frauen vom Wahlrecht auseinander:

„Die Gründe der Männer heißen: …

1. Die Frauen brauchen das Stimmrecht nicht. Das heißt: die Männer sind von jeher so gerecht, so gut, so edel gewesen, dass man getrost die Geschicke der Hälfte des Menschengeschlechts in ihre reinen Hände legen konnte … Der Rechtszustand der Frauen ist noch heutigen Tages: benutzt und beschützt zu werden, so weit und so lange die Männer es für gut befinden …

Zweiter Grund: Die Frauen wollen das Stimmrecht nicht … Indessen lässt sich nicht leugnen, dass ein großer Teil der Frauenwelt, in Deutschland sicher die Majorität, keinen Wert auf die Erlangung politischen Einflusses legt … Wenn nur eine einzige Frau das Stimmrecht fordert, so ist es Gewalttat, sie an der Ausübung ihrer bürgerlichen Pflicht zu hindern.

Dritter Grund: Die Frauen haben nicht die Fähigkeit, das Stimmrecht auszuüben … Es gibt keine körperlichen und geistigen Eigenschaften, die in irgendeinem Lande Bedingungen des Wahlrechts wären …

Viertens: Die Frau wird durch ihr Geschlecht selbstverständlich von jeder politischen Aktion ausgeschlossen … Wer sagt das? – Der Mann. Wie beweist er es? – Es bedarf keines Beweises, weil dieser Begriff eine den Männern von Gott eingeborene Idee ist … Man behauptet: die Frau, weil sie … Kinder zur Welt bringt, ist mit politischer Impotenz behaftet ... Ich behaupte: weil die Männer keine Kinder gebären, darum sollen sie keine politischen Rechte haben, und ich finde die eine Behauptung mindestens ebenso tiefsinnig wie die andere ...

Häusliche und politische Pflichten sind unvereinbar. Die naiven Männer meinen nämlich, dass die Frauen deshalb so gut kochen und nähen, weil sie das Stimmrecht nicht haben, und in einem jeden mit dem Stimmrecht behafteten Weibe sehen sie im Geiste das Urbild einer Konfusionsrätin, der sie zutrauen, dass sie Zeitungsblätter anstatt Petersilie an die Suppe tut und dass sie Fische, anstatt sie zu braten, politisch harangiert ... Wie aber kommt es, dass der wissenschaftliche, industrielle und künstlerische Beruf eines Mannes sich wohl verträgt mit politischer Tätigkeit? Hält man das Komponieren unsterblicher Wagner'scher Opern, das Malen Kaulbach'scher oder Richter'scher Bilder, hält man das Verfassen umfangreicher gelehrter Bände und das aufregende Spiel an der Börse für weniger zeitraubende und unwesentlichere Beschäftigungen als das Kochen, Nähen, Klimpern, Zanken und Kinderwaschen der Frauen? ...“

Erst als die Frauenbewegung mit ihren Zielen und ihrem praktischen Wirken immer wieder an die Grenzen der gesetzlichen Bestimmungen und die mangelnde Bereitschaft der männlichen Gesetzgeber, diese zu ändern, gestoßen war, setzte sich Jahre später allmählich die Erkenntnis von Hedwig Dohm durch, dass sie ohne Stimmrecht nicht voran kommen würden.

Louise Otto engagierte sich derweil wie schon in der Revolutionszeit nicht nur für die Belange der bürgerlichen Frauen, sondern auch für die der Arbeiterinnen. Nach einem Vortrag, den sie 1869 zur Arbeiterinnenfrage in Berlin gehalten hatte, initiierte die unermüdlich praktisch tätige Lina Morgenstern die ersten Fortbildungskurse und eine Krankenkasse für Arbeiterinnen. „Als junges Mädchen gehörte ich auch eine Zeitlang dem Arbeiterinnenvereine an, den Lina Morgenstern gegründet hatte", berichtet Ottilie Baader in *Ein steiniger Weg. Erinnerungen einer Sozialistin*, der einzigen Autobiografie einer Arbeiterin, die in der sozialistischen Frauenbewegung in Deutschland aktiv war.

1873 erschien im *Neuen Socialdemokrat* folgende Anzeige: „Alle socialistisch gesinnten Frauen lade ich zu einer gemütlichen Abendunterhaltung auf Dienstags, abends 8 Uhr, in meiner Wohnung Pallisadenstr. 27b ein. Frau Bertha Hahn." Zum ersten Treffen kamen siebzig Frauen, später vier- bis sechshundert. Der „Berliner Arbeiterfrauen- und Mädchenbund", der aus diesen Versammlungen hervorging, wurde bereits nach einem Jahr verboten. Den Vereinsgründerinnen Pauline Staegemann und Bertha Hahn, die auch in anderen Städten versucht hatten, sozialistische Frauenvereine ins Leben zu rufen, und vier weiteren Frauen wurde wegen Verstoßes gegen das Vereinsrecht der Prozess gemacht. Nach Ansicht des Gerichts war „nicht zu bezweifeln …, dass der Verein die Tendenz verfolgte, durch die Frauen auf die Männer und die Kindererziehung sozialistischen Einfluss auszuüben."

Pauline Staegemann, die auch in den folgenden Jahren in der Arbeiterinnenbewegung eine wichtige Rolle spielte, soll später – nach den Erinnerungen von Emilie Ehm, einer Mitstreiterin –, um für die Rechte der Frauen zu demonstrieren, in Männerhosen auf der Tribüne des Reichstages erschienen sein und dafür ein halbes Jahr Gefängnis bekommen haben. Ihre älteste Tochter Elfriede Ryneck gehörte im Januar 1919 zu den ersten Frauen, die als Abgeordnete in den Reichstag einziehen durften.

Ottilie Baader war an dem ersten eigenen Verein der Arbeiterinnen nicht beteiligt. Obwohl sie durch die Invalidität ihres Vaters zur Familienernährerin geworden war und ihr der Vater, der selbst in der Arbeiterbewegung organisiert war, während ihrer Heimarbeit, die sie aufgenommen hatte, um ihn pflegen zu können, aus sozialistischen Schriften vorlas, gestattete der Vater der über dreißigjährigen Tochter nicht, allein zu politischen Versammlungen zu gehen. Sie durfte ihn lediglich begleiten, weil sein Gesundheitszustand dies erforderte.

„Das gefiel mir auf die Dauer nicht mehr. Da hörte ich eines Tages, dass die Schäftearbeiter im Englischen Hof in der Alexanderstraße eine Versammlung angesetzt hatten. Ich hatte plötzlich einen energischen Augenblick und erklärte: ‚Ich gehe heute abend in die Versammlung der Schäftearbeiter!' Diese Energie muss meinen Vater vollkommen überrascht haben. Er schwieg ganz still und ließ mich auch allein gehen.

In dieser Versammlung habe ich auch zum erstenmal gesprochen. Als Redner trat ein Vertreter der Hirsch-Dunckerschen Gewerkvereine auf, der offenbar zwischen den Standpunkten stand. Er war nicht Fisch, nicht Vogel, und seine Rede befriedigte weder die einen noch die anderen. Ich saß an einem Tisch mit mehreren Frauen zusammen, und eine von ihnen meinte: ‚Schade, dass Ihr Vater nicht hier ist. Der könnte dem mal unsere Meinung sagen.' ‚Ach', sagte ich, ‚das kann ich auch. Ich weiß mit den Hirsch-Dunkerschen ganz genau Bescheid.' Ich hatte gar nicht weiter darauf geachtet, dass die eine der Frauen aufstand, nach vorne ging und wieder zurückkam. Aber auf einmal höre ich von dem Leiter der Versammlung meinen Namen nennen und mich zum Wort auffordern. Ich dachte in dem Augenblick, ich müsste in die Erde sinken, hatte aber nur den einen klaren Gedanken, wenn du jetzt nicht sprichst, dann lachen sie alle über dich. Als ich dann auf dem Podium stand und die vielen Köpfe unter mir sah, habe ich dann mit Zittern und Zagen angefangen zu sprechen. Das Zittern verlor sich dann, ich wurde sicherer und hatte auf einmal das Gefühl: Nun hast du gesagt, was du sagen wolltest. Damit ging ich dann wieder auf meinen Platz und hörte, wie der Vorsitzende sagte: ‚Die Frau, die jetzt gesprochen hat, hat das einzige Vernünftige vorgebracht, was zu dieser Sache hier zu sagen ist.' Ich wurde noch an demselben Abend in eine Kommission gewählt, und am nächsten Tag stand etwas von meiner Rede in der Zeitung ...“

Zu den politischen Schriften, die Ottilie Baader gemeinsam mit ihrem Vater studierte, gehörte auch das Buch *Die Frau in der Vergangenheit, Gegenwart und Zukunft*. Unter diesem Titel erschien August Bebels *Die Frau und der Sozialismus* bis zur Aufhebung der Sozialistengesetze 1890. Waren bis dahin bereits mehr als 10.000 Exemplare in Umlauf, wurde es mit einer Auflagenhöhe von mehr als 200.000 Exemplaren bis 1933 zum absoluten Bestseller der sozialdemokratischen Literatur. Für die Frauen wurde Bebels Buch nach Ottilie Baader „ein Wecker und Rufer zum Kampf“.

Es war das erste Buch, das sich aus sozialdemokratischer Sicht mit der Frauenfrage beschäftigte. August Bebel war der Auffassung, dass es eine Befreiung der Menschheit, wie der Sozialismus sie anstrebe, nicht geben könne, wenn diese nicht die Befreiung der Frau mit einschließe. Umgekehrt erklärte er, dass die Unterdrückung der Frauen erst im Sozialismus beseitigt werde, und forderte deshalb alle Frauen auf, sich in die sozialistische Bewegung einzureihen.

„Wenn die Männer uns die Gleichberechtigung zugestehen und die Eigenart unseres Geschlechts achten wollen, so mögen sie sich sympathisch zu unseren Forderungen verhalten und dieselben unterstützen, aber sie können nicht von uns ein Aufgehen in einer politischen Vereinigung, in welcher sie stets dominieren werden, verlangen“, schrieb Emma Tippe am 27. Juli 1886 in der *Berliner Volkszeitung*.

Waren die Genossinnen während der Sozialistengesetze willkommen, wenn sie für die ausgewiesenen, verhafteten oder unter Beobachtung stehenden Männer einsprangen und die illegale Parteiarbeit aufrecht erhielten, standen ihrem gleichberechtigten politischen Agieren nicht nur das Politikverbot für Frauen, sondern auch die Vorbehalte der meisten Genossen entgegen. Nur wenige teilten Bebels Positionen zur Frauenfrage. Die Männer lasen sein Buch wegen der 150 Seiten langen Beschreibung der sozialistischen Zukunft, auf denen das Frauenthema nicht nur rein äußerlich mit acht Seiten sehr stiefväterlich behandelt wurde. Auch Bebel wollte wegen der Mutterrolle der Frauen die Frauenerwerbstätigkeit einschränken.

Lily Braun schildert in ihren *Memoiren einer Sozialistin*, wie es in der sozialdemokratischen Praxis aussah: „‚Da kennen Se unsere Männer schlecht‘, meinte die dicke Frau Wengs neben mir, ‚die wollen von uns rein gar nischt wissen‘. ‚Die mehrschten erlooben den Frauen nich, dass se in ne Versammlung jehn oder in ’nen Verein. Daheem sollen se sitzen un Strümpfe stoppen‘, rief eine andere, und ein allgemeines Klagelied über die Männer hub an …“

Die Arbeiterinnen blieben auf Selbsthilfe und eigene Organisationen verwiesen. 1881 wurde in Berlin ein „Frauenhilfsverein für Handarbeiterinnen“ gegründet. Doch seine Vorhaben, eine Arbeitsvermittlung und Arbeitswerkstätten für erwerbslose Frauen, ein Speisehaus und eine Lesehalle für Arbeiterinnen aufzubauen, scheiterten am Geldmangel. Übrig blieb ein „ein Häuflein tatkräftiger Frauen“, die etwas gegen die „erbärmliche Ausbeutung der weiblichen Arbeitskräfte“ unternehmen wollte, erinnert sich eine der Beteiligten, Emma Ihrer, in ihrer 1898 veröffentlichten Geschichte der Arbeiterinnenbewegung *Arbeiterinnen im Klassenkampf*.

Ihre Begegnung mit Gertrud Guillaume-Schack, die sich in der internationalen Frauenbewegung gegen die staatliche Reglementierung der Prostitution engagierte, führte zu neuen Initiativen. Bei einem Vortrag von Guillaume-Schack machten die Frauen die Referentin auf die sozialen Ursachen der Prostitution aufmerksam. Diese forderte daraufhin in den *Neuen Bahnen*, der Zeitschrift des „Allgemeinen deutschen Frauenvereins", dass alle Beschränkungen der Frauenerwerbstätigkeit aufgehoben und gleicher Lohn für Männer- und Frauenarbeit gezahlt werden müsste, damit die Arbeiterinnen nicht mehr zum Verkauf ihrer Körper gezwungen wären. Als indirekte Verdrängung der Frauen vom Arbeitsmarkt bezeichnete sie die Einführung besonderer Arbeitsschutzbestimmungen für Frauen. „Wer schützt die Frau, wenn ihr Mann ein Trunkenbold, ein Tagedieb und roher Tyrann ist?", fragte sie.

Nachdem Gertrud Guillaume-Schack auf mehreren Arbeiterinnenversammlungen in Berlin gesprochen hatte, kam es im Frühjahr 1885 zur Gründung des „Vereins zur Vertretung der Interessen der Arbeiterinnen". Zur Durchsetzung höherer Löhne sollten Streiks vorbereitet werden. In den Statuten wurde als Aufgabe auch die „Abhaltung von populären, nichtpolitischen Vorträgen" festgeschrieben. Die ausdrückliche Betonung des „Nichtpolitischen" sollte die Behörden täuschen. In Wirklichkeit wurden Frauenversammlungen organisiert, auf denen wie zum Beispiel am 27. Januar 1886 – auch das aktive und passive Wahlrecht für Frauen gefordert wurde.

Jede öffentliche Versammlung musste bei der Polizei angemeldet werden. Hinter den angegebenen Versammlungsthemen wie „Sitte und Scham" oder „Die Kunst, nicht krank zu werden" sind die wahren Anliegen Prostitution bzw. Arbeits- und Wohnbedingungen noch erkennbar. Andere wie „Volksaberglauben" oder „Das Christentum der ersten Jahrhunderte" waren reine Tarnung. Allerdings wurde jede Versammlung von einem Polizeibeamten überwacht. Ob eine Versammlung aufgelöst wurde, war ebenso allein von dessen Gutdünken abhängig wie Anzeigen gegen die Referentinnen.

In Prozessen dienten Mitschriften und Aussagen des Überwachungsbeamten dann als Beweismaterial. Emma Ihrer konnte einmal die Einstellung eines Verfahrens erreichen, als sie infrage stellte, ob der bei ihrer Rede anwesende Polizeibeamte überhaupt in der Lage sei, politischen Erörterungen zu folgen.

Gertrud Guillaume-Schack, die zur Ehrenpräsidentin des Berliner Arbeiterinnenvereins gewählt worden war, unternahm eine Vortragsreise durch Deutschland. Und trotz des massiven Einschreitens der Polizei gelang es ihr, dass nach dem Berliner Vorbild auch in vielen anderen Städten Arbeiterinnenvereine gegründet wurde. Durch sie ermutigt, wagten sich auch andere Vereinsfrauen auf die Tribüne und auf Agitationsreisen.

In einem Polizeibericht aus Dresden heißt es: „Um so mehr hat aber Frau Ihrer das Interesse der arbeitenden Frauen und Mädchen erwirkt, und ihrem wiederholten Auftreten hierselbst ist es zu zuschreiben, dass sich mehrere hundert Frauen und Mädchen zum Eintritt in den gegründeten Verein der arbeitenden Frauen und Mädchen von Dresden und Umgebung gemeldet haben." Emma Ihrer trat außerdem in Breslau, Bielefeld, Bremen, Danzig, Gera, Glauchau, Großenhain, Hamburg, München, Nürnberg, Potsdam, Weißenfels und Zeitz auf.

Als Tarnorganisation für nicht zugelassene Arbeiterinnenvereine ebenso wie als überregionale Plattform diente die „Central-Kranken- und Begräbniskasse für Frauen und Mädchen Deutschlands". Als deren Verbandsorgan brachte Gertrud Guillaume-Schack ab Januar 1886 *Die Staatsbürgerin. Organ für die Interessen der Arbeiterinnen* heraus. Der Name dieser ersten deutschlandweiten Arbeiterinnenzeitung, die wöchentlich mit vier bis sechs Seiten erschien, stand für das politische Ziel, gleichberechtigte Staatsbürgerinnen zu werden.

Neben Leitartikeln, die sich mit Themen wie Standesunterschiede, Mädchenhandel oder Karenzzeit der Wöchnerinnen befassten, wurden in der Rubrik *Korrespondenzen* Berichte über die Aktivitäten der Bewegung abgedruckt. Mode und Kochrezepte, wie sie in „Damenzeitschriften" üblich waren, gab es nicht, aber Fortsetzungsgeschichten, von denen zwei aus der Feder von Louise Otto stammten.

Nachdem der Berliner Arbeiterinnenverein bereits Ostern 1886 polizeilich verboten worden war, musste mit der Ausgabe vom 13. Juni 1886 auch *Die Staatsbürgerin* ihr Erscheinen einstellen. Gertrud Guillaume-Schack wurde als missliebige Ausländerin – sie war mit einem Schweizer verheiratet gewesen – aus Deutschland ausgewiesen. Den Führerinnen der Berliner Arbeiterinnenbewegung wurde im Dezember 1886 der Prozess gemacht. 36 Polizisten waren als Belastungszeugen geladen. Der Staatsanwalt führte gegen den „Verein zur Wahrung der Interessen der Arbeiterinnen" an, dass er eine „neue gefährliche Bestrebung in der sozialdemokratischen Bewegung" sei, vor der die Frauen geschützt werden müssten. Als Beweis für die verbotene politische Betätigung führte er unter anderem eine Versammlung mit dem Thema „Das politische Stimmrecht der Frauen" an.

In der Urteilsbegründung hieß es: „Und wenn einer der Verteidiger die Mahnung hat erklingen lassen, die Ruhe und den Frieden des Weihnachtsfestes nicht durch die Schließung des Vereins zu stören, so sehe der Gerichtshof nicht ein, wie dies der Fall sein könne. Im Gegenteil glaube er, dass der Segen des fröhlichen Weihnachtsfestes erhöht werden würde, wenn sich die ehemaligen Mitglieder des Vereins dem ruhigen Genusse des Segen bringenden Weihnachtsfestes im Schoße ihrer Familie hingeben." Die Frauen, die zu Gefängnisstrafen verurteilt wurden, mussten die Feiertage allerdings in Haft verbringen.

Eine der 1886 verurteilten Frauen, Agnes Wabnitz, trat im Gefängnis aus Protest in den Hungerstreik und wurde daraufhin zur Zwangsernährung ins Irrenhaus eingeliefert. Erst als einige ihre Mitstreiterinnen dies publik machten und der Sozialdemokratie verbundene Rechtsanwälte juristische Schritte einleiteten, kam Agnes Wabnitz wieder frei. Allerdings schwebte weiter ein Entmündigungsverfahren gegen sie. Weil eine Frau, die sich politisch betätigte und öffentlich als Rednerin auftrat, im Widerspruch zum propagierten Frauenbild stand, galt sie als unnormal und unzurechnungsfähig.

Zum Jahresbeginn 1887 luden Berliner Arbeiterinnen ein: „Sonntag, den 2. Januar gemütliches Beisammensein, verbunden mit Tanz. Bei Gradweil, jetzt: Beuthstr. 8. Bitte Bekannte und Freunde mitbringen. Anfang 6 Uhr". Nach den Polizeiunterlagen kamen mehr als zweihundert Personen, „viele Herren, meist Sozialdemokraten". Zwei unbekannte Männer waren den Anwesenden aufgefallen, die Polizeispitzel. Wenn zu Versammlungen und Vereinen nur Frauen zugelassen wurden, konnte dies auch den praktischen Grund haben, das heimliche Einschleichen von Polizisten unmöglich zu machen.

Die Polizei registrierte noch zwei weiterer solcher Zusammenkünfte, bei denen Spenden gesammelt wurden, offenbar zur Finanzierung des im Dezember 1886 verlorenen Prozesses und der gegen die Frauen verhängten Geldstrafen. Der Versuch, im Februar 1887 einen „Geselligen Frauenverein" zu gründen, der die „Pflege der Kollegialität durch gesellige Zusammenkünfte und Vergnügen" fördern sollte, scheiterte am Polizeieinspruch: „Sämtliche Mitglieder des ‚Geselligen Frauenvereins' außer des Frl. Reul, waren Mitglieder der geschlossenen Vereine zur Vertretung der Interessen der Arbeiterinnen. Der ‚Gesellige Frauenverein' nun dürfte deshalb als Fortsetzung ... angesehen werden." Den Polizeiakten ist zu entnehmen, dass die führenden Frauen auch in den folgenden Monaten intensiv von der Polizei beobachtet wurden. Bei der Polizei gingen auch anonyme Karten ein, auf denen private Treffen der Frauen denunziert wurden.

Öffentliche Arbeiterinnenversammlungen wurden trotz aller Behinderungen unter großer Beteiligung weiter durchgeführt. Häufig kamen mehr als tausend Teilnehmerinnen. Im Herbst 1887 ging es vor allem um die Bismarckschen Sozialgesetze, von denen die Frauen in der Praxis ausgeschlossen blieben. Für Dienstmädchen und Heimarbeiterinnen, damals in Berlin die beiden Bereiche, in denen die meisten Frauen tätig waren, hatten sie generell keine Gültigkeit. Aber auch die Fabrikarbeiterinnen würden die langen Anwartschaftszeiten selten erfüllen können.

Im Sommer 1889 gelang es erst nach mehreren Versammlungsauflösungen, Clara Zetkin als Delegierte der Berliner Arbeiterinnen für den Internationalen Sozialistenkongress in Paris zu wählen. Gemeinsam mit Emma Ihrer, der zweiten Vertreterin der deutschen Arbeiterinnenbewegung, verhinderte sie den Beschluss, Frauenerwerbstätigkeit zu verbieten. Der entsprechende Antrag entsprang dem unter den Arbeitern verbreiteten Vorurteil, die Arbeiterinnen stellten wegen ihrer geringen Löhne eine unlautere Konkurrenz für die Männer dar. Clara Zetkin hielt dem entgegen, dass die Frauen sich nur durch Arbeit emanzipieren könnten.

Als im Frühjahr 1890 die Verlängerung des Sozialistengesetzes im Reichstag scheiterte, hofften auch die Frauen auf eine Verbesserung ihrer politischen Wirkungsmöglichkeiten. Emma Ihrer gelang es im Mai, zum preußischen Innenminister vorzudringen und ihm die Zusage abzuringen, dass er seine untergebenen Behörden anweisen werde, politische Versammlungen von Frauen nicht länger gesetzwidrig aufzulösen. Nach dem geltenden Vereinsrecht waren solche nur verboten, wenn es sich um Vereinszusammenkünfte handelte bzw. wenn sie von Vereinen einberufen wurden. Auch die Bildung von „Frauenagitationskommissionen" zur Vorbereitung öffentlicher Versammlungen wurde gestattet.

Vergeblich forderte Emma Ihrer auf dem ersten Parteitag der SPD nach deren Wiederzulassung im Herbst 1890 die Gründung einer Arbeiterinnenzeitung, weil die übrige Parteipresse zu wenig über die Arbeiterinnenbelange berichtete. Erst nachdem Emma Ihrer die Arbeiterinnenzeitung ein Jahr lang auch ohne Parteiunterstützung erfolgreich herausgebracht hatte, beschloss der SPD-Parteitag 1891, die Zeitung zu übernehmen und eine Redakteurin zu bezahlen. Übertragen wurde diese Funktion Clara Zetkin, die der Zeitung den Namen *Die Gleichheit* gab. Die gerade aus dem politischen Exil nach Deutschland zurückgekehrte alleinerziehende Mutter war damit materiell abgesichert und hatte ein politisches Wirkungsfeld, das sich mit der Kinderbetreuung vereinbaren ließ.

Die Arbeiterinnenbewegung musste an mehreren Fronten kämpfen, zum einen gegen die Verfolgung der staatlichen Behörden, zum anderen gegen die Vorurteile der eigenen Genossen. Aber auch auf die Solidarität ihrer bürgerlichen Geschlechtsgenossinnen konnte sie – von Einzelfrauen abgesehen – nicht rechnen. Es waren nicht etwa politische Differenzen zwischen sozialistischer und bürgerlicher Frauenbewegung, die dazu führten, dass Arbeiterinnenvereine bei der Gründung des „Bundes Deutscher Frauenvereine" 1894 von der Mitgliedschaft ausgeschlossen blieben. Die Mehrheit der 34 Gründungsmitglieder des BDF befürchtete, dass ihr Dachverband als politische Vereinigung eingestuft und deshalb verboten werden könnte.

Als die sozialdemokratische Tageszeitung *Vorwärts* veröffentlichte, dass die Gründerinnen des BDF sozialdemokratische Frauenvereine von einer Mitgliedschaft ausgeschlossen hätten, bestanden Minna Cauer, Lina Morgenstern, Lily von Gizycki und Olga Gebauer auf der Richtigstellung, dass sie sich für die Aufnahme von Arbeiterinnenvereinen ausgesprochen hätten. Diese erschien am 31. März 1894 im *Vorwärts*. Ob die proletarische Frauenbewegung sich dem BDF angeschlossen hätte, blieb eine hypothetische Frage. Clara Zetkins Stellungnahme in *Die Gleichheit* fiel eindeutig aus: „Die Damen können Gift darauf nehmen, dass auch ohne ihre Erklärung es nicht einer einzigen, zielbewussten proletarischen Frauenorganisation auch nur im Traume einfallen würde, Anschluss an den Verband zu suchen. Die deutsche Arbeiterinnenbewegung ist über die Zeit frauenrechtlerischer Harmonieduselei längst hinaus".

Je stärker die Arbeiterinnenbewegung wurde und je mehr sie sich zur Sozialdemokratie bekannte, je rigoroser wurde erneut die staatliche Verfolgung. Mancherorts, wie zum Beispiel in Elberfeld, verlangte die Polizei, dass die Mitgliedslisten der SPD unter Angabe der Vornamen eingereicht werden mussten, damit sie sie auf weibliche Mitglieder überprüfen konnte. Frauen wurde selbst die Teilnahme an SPD-Festen untersagt, was zu mancherlei Absurditäten führte, wie zum Beispiel 1891 in Elmshorn: „Die Männer mussten unter sich tanzen, die Frauen waren im Nebensaal und sangen revolutionäre Lieder."

Besonderen Schikanen waren die führenden Frauen ausgesetzt. Wegen der Betätigung Emma Ihrers als „sozialdemokratische Agitatorin" drohten die Behörden Anfang der 1890er Jahre, ihrem Ehemann Emanuel Ihrer dessen Konzession für die Apotheke in Velten zu entziehen. Sie warfen ihm „sein passives Verhalten bei dem bedenklichen Gebaren seiner Frau" vor. Als „unwürdige und unverzeihliche Schwäche" wird dies in den Polizeiunterlagen bezeichnet. Emanuel Ihrer kam der Sippenstrafe durch den Verkauf seiner Apotheke 1894 zuvor.

Agnes Wabnitz war 1894 wegen „Beleidigung von Gott und Kaiser" wieder zu einem halben Jahr Haft verurteilt worden. Weil sie damit rechnen musste, nach Verbüßung dieser Strafe lebenslänglich ins Irrenhaus eingewiesen zu werden, beging sie am 28. August 1894 auf dem Friedhof der Märzgefallenen, also mitten unter den Opfern der ersten deutschen Revolution, deren Scheitern zur politischen Entmündigung der Frauen geführt hatte, Selbstmord. Wie viele Frauen der 48er Bewegung gehörte Agnes Wabnitz der Freireligiösen Gemeinde an. Am 1. September 1894 wurde sie auf deren Friedhof in Berlin begraben. Mehr als 60.000 Menschen kamen, um ihr die letzte Ehre zu erweisen. Laut Polizeibericht wurden auf ihrem Grab mehr Kränze niedergelegt als bei Kaiser Wilhelm I. 1888. Nach den Erinnerungen einer Teilnehmerin war es „die imposanteste Frauendemonstration, die Berlin bis dahin gesehen hatte".

„Wir werden nicht mehr petitionieren" –
Politisierung der Frauenbewegung

Als Haupthindernis auf dem Weg zur Gleichstellung der
Frauen im Erwerbsleben als auch in der Politik sah die bürgerliche Frauenbewegung die mangelnde Bildung der Frauen.
Was die praktische Verbesserung der Bildungsmöglichkeiten
für Frauen anbetraf, hatte sie all ihre Hoffnungen auf die
zukünftige deutsche Kaiserin Viktoria gerichtet.

Da in Großbritannien Prinzessinnen potenzielle Thron-
folgerinnen waren, hatte die Tochter der englischen Queen
Victoria die gleiche Ausbildung wie ihre Brüder erhalten.
Auch außerhalb des Herrscherhauses übertraf das Angebot
an höherer Bildung für Frauen in England das deutsche, und
Kronprinzessinnen Vicky zeigte sich aufgeschlossen, entsprechende Reformen in Deutschland zu unterstützen.

Jahrelang trafen sich führende Vertreterinnen der bürgerlichen Frauenbewegung regelmäßig bei der Kronprinzes-
sin und bereiteten Bildungskonzepte für den Zeitpunkt vor,
da Victoria endlich an der Seite ihres ebenfalls reformwilligen
Mannes Friedrich auf dem deutschen Kaiserthron sitzen
würde. Doch als 1888 Wilhelm I. starb, war Friedrich so
schwer krank, dass er seinem Vater 99 Tage später ins Grab
folgte. Und auf ihren Sohn Wilhelm II. hatte Victoria keinerlei politischen Einfluss.

Es blieben der parlamentarische Weg und die Selbsthilfe. Bereits 1887 hatte Helene Lange im Auftrag der bürgerlichen Frauenbewegung in der so genannten *Gelben Broschüre*
die Misere der Mädchenbildung dargestellt. Diese wurde zusammen mit einer Petition, die die Zulassung der Frauen zum
Hochschulstudium forderte, bei den zuständigen Landes-
ministerien und Anfang 1890 auch beim Reichstag einge-

reicht. Im Oktober 1889 eröffnete Helene Lange im Beisein der Kaiserinwitwe in Berlin ihre privaten Realschulkurse für Frauen, die vier Jahre später um Gymnasialkurse aufgestockt wurden.

Die Petitionskommission des Reichstages lehnte die Forderung nach höherer Frauenbildung mit zehn zu acht Stimmen ab. Daraufhin initiierte der „Allgemeine Deutsche Frauenverein" eine Unterschriftensammlung, die von 51.696 Personen unterzeichnet wurde. Während es ein Teil der Petitionskommission ablehnte, sich schon wieder mit diesem Thema zu befassen, befürworteten andere, die Petition an den Reichskanzler zu überweisen – ob „zur Berücksichtigung" oder nur „zur Erwägung", darin waren auch sie sich uneinig. Immerhin kam es dieses Mal auch zu einer Debatte im Parlament. Zu den wenigen Abgeordneten, die sich für das Anliegen der Frauen aussprachen, gehörte der Liberale Karl Schrader, dessen Ehefrau Henriette Schrader-Breymann, die Begründerin des Pestalozzi-Fröbel-Hauses, zu den Protagonistinnen der Frauenbildungsbestrebungen gehörte, und der Führer der Sozialdemokratie, August Bebel.

Auch in den Ländern blieb den Frauen mit einer Ausnahme der Erfolg versagt. Der badische Landtag beschloss eine „empfehlende Überweisung" an die Regierung. Es dauerte weitere acht Jahre, ehe Frauen sich 1900 in Baden erstmals im deutschen Kaiserreich an den Hochschulen immatrikulieren durften. Preußen und Mecklenburg bildeten 1908 bzw. 1909 die Schlusslichter.

Aufgrund des nicht nachlassenden Drucks der Frauenbewegung hatte Hildegard Ziegler, später verheiratete Wegscheider, eine Schülerin von Helene Lange, 1895 vom preußischen Kultusminister die Sondergenehmigung erhalten, die Abiturprüfung als Externe an einem Jungengymnasium abzulegen. Als sie diesen Test trotz erschwerter Bedingungen mit Bravour bestand, musste dieses Recht auch den anderen

Absolventinnen der Langeschen Gymnasialkurse eingeräumt werden.

Vor dem Hintergrund dieses mühsamen Kleinkampfes erklärte Lily von Gizycki im Dezember 1894 öffentlich: „Wir werden nicht mehr petitionieren, sondern fordern, uns nicht mehr hinter den verschlossenen Türen unserer Vereine über unsere frommen Wünsche unterhalten, sondern auf den offenen Markt hinaustreten und für ihre Erfüllung kämpfen, gleichgültig, ob man mit Steinen nach uns wirft ... Aber was wir auch fordern mögen zugunsten unseres Geschlechts, das die wirtschaftliche Entwicklung aus dem Frieden des Hauses hinaus in den Kampf ums Dasein trieb – man wird uns mit Phrasen und kläglichen Pflastern für unsere Wunden abspeisen, solange die politische Macht uns fehlt...“

Deshalb forderte Lily von Gizycki das Stimmrecht für die Frauen. Während die Arbeiterinnenbewegung das Frauenwahlrecht bereits im Januar 1886 auf einer Versammlung öffentlich propagiert hatte, geschah dies nun zum ersten Mal von bürgerlicher Seite. Die Veranstaltung, bei der Lily von Gizycki auftrat, war vom „Verein Frauenwohl“, der 1888 von Minna Cauer gegründet worden war, einberufen worden.

Bekannt wurden seine Gründerin und ihre Mitstreiterinnen als die „Radikalen“. Weil ihre Ziele und Strategien weit über die der übrigen bürgerlichen Frauenbewegung hinausgingen, waren sie als solche beschimpft worden. Sie wollten die Gleichberechtigung der Frauen auf allen Gebieten voranbringen, das heißt auch im politischen und staatsbürgerlichen Bereich. Statt „geistige Mütterlichkeit“ war die „Gleichheit der Geschlechter“ ihr Argument. Und sie befürworteten eine Zusammenarbeit mit den Arbeiterinnen und Sozialisten.

Hedwig Dohm, die Minna Cauers Verein angehörte, erklärte, dass das Wort „radikal“, vom lateinischen Wort für Wurzel abgeleitet, die Notwendigkeit zum Ausdruck bringe, dass die Frauen an die Wurzeln der bisherigen Gesellschaft gehen müssten, um ihre Gleichberechtigung durchzusetzen. „Die Radikalen" treffe den Sachverhalt besser als „Frauenrechtlerinnen" etc. Im Gegenzug wurde der andere Flügel der bürgerlichen Frauenbewegung wegen seiner größeren Zurückhaltung fortan „die Gemäßigten" genannt.

„Sie können der Wehrpflicht nicht genügen, darum kommt den Frauen das Stimmrecht nicht zu", führten die Gegner des Frauenwahlrechts an. Lily von Gizycki hielt ihnen entgegen: „Ich aber frage: der Mann, der sein Leben vor dem Feinde in die Schanze schlägt, und die Frau, die mit Gefahr ihres Lebens dem Staate die Bürger gebiert – haben sie nicht die gleiche Berechtigung, über das Wohl und Wehe des Vaterlandes zu entscheiden? Jede dreißigste Frau stirbt an diesem ihrem natürlichen Beruf." Auch dass Politik der Weiblichkeit schade, entkräftete die Rednerin schlagfertig: „Die Rücksicht auf die Weiblichkeit hat noch keinen Mann gehindert, Frauen in die Steinbrüche und Bergwerke zu schicken. Ich kann freilich nicht einsehen, dass eine Frau, die ihren Zettel in die Wahlurne wirft, die Weiblichkeit mehr gefährdet als eine andere, die Steine karrt."

Auf dem Erfurter Parteitag 1891 hatte die SPD das Frauenwahlrecht in ihr neues Parteiprogramm aufgenommen. Für die praktische Umsetzung dieser Forderung war seitdem nichts geschehen. Um nicht hinter den „radikalen" Bürgerlichen zurückzustehen, wurden nun die Abgeordneten aufgefordert, in ihren Wahlkreisen öffentliche Versammlungen zum Frauenwahlrecht abzuhalten. Die Berliner „Frauenagitationskommission" führte am 5. und 6. Februar 1895 vier „Volksversammlungen" durch, auf denen außer ihren Vertreterinnen Ottilie Baader und Emma Ihrer auch die führenden Männer der SPD, August Bebel und Wilhelm Liebknecht, sprachen. Beschlossen wurde eine Resolution, die August Bebel als Vorsitzender der SPD-Reichstagsfraktion am 13. Februar 1895 in den Reichstag einbrachte.

„In Erwägung, dass es keinen sichtbaren Grund gibt, der ein mündig gewordenes menschliches Wesen von Bürgerrechten und Freiheiten ausschließt, wie das dem weiblichen Geschlecht geschieht;

in Erwägung, dass die Frauen nicht gewillt sind, diesen Zustand der Entrechtung, in welchem sie im Laufe der Zeiten versetzt wurden, ferner zu ertragen;

in weiterer Erwägung, dass namentlich die täglich sich immer mehr zuspitzenden Gegensätze innerhalb der bürgerlichen Gesellschaft auch die sehr große Mehrzahl der Frauen in immer schlimmere soziale und wirtschaftliche Verhältnisse versetzt und eine Hebung und Verbesserung dieser Verhältnisse ein Gebot dringendster Notwendigkeit ist, aber ohne den Besitz politischer Rechte und Freiheiten nicht herbeigeführt werden kann,

fordern die Frauen nachdrücklichst die gleichen bürgerlichen und politischen Rechte wie die Männer und besonders die Gewährung des allgemeinen, gleichen, direkten und geheimen Wahlrechts."

Es war das erste Mal in der deutschen Geschichte, dass über das Frauenwahlrecht abgestimmt wurde. Befürworter gab es nur in der Sozialdemokratie und unter einigen wenigen linksliberalen Abgeordneten. Unter Verweis auf die „in letzter Zeit in Versammlungen betriebene Agitation für das Wahlrecht der Frauen" wurde sechs Tage später, also am 19. Februar 1895, die „Berliner Frauenagitationskommission" als politischer Verein verboten. Emma Ihrer legte Widerspruch bis hin zum Reichsgericht ein. Doch nützten weder ihr Hinweis auf den öffentlichen Charakter der abgehaltenen „Volksversammlungen" noch auf die nicht vorhandenen Vereinsstrukturen der Frauenagitationskommission.

„Die Herren Richter konnten sich eben keine Gelegenheit entgehen lassen, uns ihr Herrenrecht so deutlich wie möglich fühlen zu lassen", schreibt Ottilie Baader, Mitglied der „Berliner Frauenagitationskommission", in ihren Erinnerungen. „Selbst bei der Verhandlung ging man von Seiten des Gerichts gegen uns Frauen in besonderer Weise vor. Man verlangte, dass wir sechs Frauen während der ganzen Verhandlung stehen sollten. Auf unseren energischen Protest wurde uns entgegengehalten, dass wir doch in Versammlungen den ganzen Tag stehen könnten."

1895 protestierten auch bürgerliche Frauenrechtlerinnen erstmals öffentlich gegen das Politikverbot für Frauen und forderten eine entsprechende Änderung des Vereinsrechts. Die Petition kam aus den Reihen der „Radikalen" und war unterzeichnet von Minna Cauer, Lily von Gizycki und Adele Gerhard. Doch die Arbeiterinnenbewegung begrüßte dies nicht etwa. Emma Ihrer spottete darüber, dass gerade einmal „3 ganze bürgerliche Frauen" den Mut hierzu fanden. Die Solidarität mit den Sozialdemokraten war größer als mit den Sozialdemokratinnen. In *Eine Erklärung deutscher Frauen gegen die Umsturzvorlage* sprachen sich ebenfalls 1895 dreißig Unterzeichnerinnen gegen eine Neuauflage der Sozialistengesetze aus.

An der Furcht der bürgerlichen Frauenbewegung, in den Sog der politischen Verfolgung der Arbeiterinnenbewegung hineingezogen zu werden, wäre beinahe auch der erste internationale Frauenkongress auf deutschem Boden gescheitert. Als im „Bund deutscher Frauenvereine" vorgeschlagen wurde, nach dem Vorbild der US-Frauenbewegung – diese hatte zur Weltausstellung in Chicago 1893 einen eigenen Ausstellungspavillon organisiert, in dem Frauen aus der ganzen Welt ihre Arbeit vorgestellt hatten und sich begegnet waren – zur deutschen Gewerbeausstellung im Treptower Park 1896 zu einem internationalen Frauentreffen nach Berlin einzuladen, hatte die gemäßigte Mehrheit dies abgelehnt. Sie wollten die Existenz ihres Dachverbandes durch die Anreise ausländischer Sozialistinnen und durch politische Statements ausländischer Frauenvertreterinnen nicht gefährden.

Trotz aller Widerstände gelang es Minna Cauer und Lina Morgenstern im Alleingang, ein „vielhundertköpfiges Frauenparlament – unter dem Zeichen der Internationale", wie der Titel eines Presseberichts über die internationale Frauentagung im September 1896 lautete, im Berliner Rathaus zu organisieren. Den Tagungsort sah Cauer als „ein gutes Omen für die Zukunft". Mehr als zweitausend Teilnehmerinnen aus 17 verschiedenen Ländern waren der Einladung gefolgt und tauschten sich eine Woche lang über alle sie bewegenden Fragen aus. Und die Amerikanerinnen, Engländerinnen und Holländerinnen wagten es, auch das „heiße Eisen" Frauenwahlrecht anzusprechen.

Dass auch aus Deutschland letztendlich alle Vertreterinnen der Frauenbewegung von Namen und Rang sowohl aus den Reihen der gemäßigten Bürgerlichen als auch der Sozialistinnen am Kongress teilnahmen, war nicht zuletzt eine Folge des gemeinsamen Agierens gegen die Frauen diskriminierenden Bestimmungen des Bürgerlichen Gesetzbuches in der ersten Jahreshälfte 1896.

Das BGB, mit dem vor allem die Ehefrauen vollkommen entmündigt wurden, war gegen den einhelligen Frauenprotest beschlossen worden. Fortan konnte der Ehemann über Vermögen und Einkommen der Ehefrau verfügen, in allen häuslichen und familiären Belangen einschließlich der Kinder allein entscheiden und jederzeit den Arbeitsvertrag seiner Frau kündigen.

Das Scheitern im Kampf gegen das frauenfeindliche BGB trug wie keine andere Aktion der Frauenbewegung zu deren Politisierung bei. So lange Frauen nicht im Parlament vertreten waren, würde ihre Gleichberechtigung nicht vorankommen. Anita Augspurg, die in Zürich Jura studierte, weil sie beim Kampf um Frauenrechte dem männlichen Sachverstand misstraute, soll auf einer Protestveranstaltung gegen das beschlossene BGB ausgerufen haben: „Noch eine solche Niederlage und wir haben gesiegt".

Die proletarische Frauenbewegung hatte die Einladung zum Internationalen Frauenkongress mit der Begründung abgelehnt, dass die Tagung nicht geeignet sei, über die Interessen der Arbeiterinnen zu informieren. Zu diesem Zweck organisierte sie parallel zum Kongress mehrere Arbeiterinnenversammlungen, die auch von zahlreichen Kongressteilnehmerinnen besucht wurden.

Aber auch auf dem Kongress selbst stellte schließlich eine Vertreterin in einem Vortrag die Position der deutschen Arbeiterinnenbewegung vor. Mit dieser Aufgabe hatten die Sozialistinnen Lily Braun beauftragt. Als Lily von Gizycki hatte sie wenige Monate vorher noch zum radikalen Flügel der bürgerlichen Frauenbewegung gehört. Inzwischen mit dem Sozialdemokraten Heinrich Braun verheiratet, war sie zur SPD übergetreten und engagierte sich nun in der Arbeiterinnenbewegung.

Selbst Clara Zetkin war aus Stuttgart angereist und beteiligte sich rege an den Kongressdiskussionen, insbesondere an der Auseinandersetzung um die Zusammenarbeit von bürgerlicher und proletarischer Frauenbewegung. Clara Zetkin betonte dabei die Zugehörigkeit der Arbeiterinnen zur sozialistischen Bewegung. Der erste internationale Frauenkongress in Deutschland wurde auch zur ersten direkten Begegnung aller Richtungen der deutschen Frauenbewegung, die jedoch einzigartig bleiben sollte.

Abgebaut wurden durch den Internationalen Kongress von 1896 dagegen die Berührungsängste des „Bundes deutscher Frauenbewegung" gegenüber der internationalen Frauenbewegung. Ein Jahr später schloss sich der BDF dem „International Council of Women" an. Und 1899 nahm er nicht nur an dessen 2. Tagung in London teil, sondern bot sogar die

Vorbereitung und Durchführung der 3. Tagung des ICW an, die 1904 in Deutschland stattfinden sollte.

„Nun gilt es, dass sich in der jetzt neu beginnenden Kampfeszeit die deutschen Frauen nachhaltig als die scharfen, mutigen Streiterinnen bewähren, als die sie sich im heißen Sturmlaufe der letzten Monate gezeigt haben", hatte Minna Cauer in ihrem Bericht über den Internationalen Frauenkongress mit Anspielung auf die Auseinandersetzungen um das BGB gefordert: „Ihnen liegt vor allem die Aufgabe ob, wennschon selbst noch nicht wahlberechtigt, Einfluss auf die bevorstehenden Wahlen zu gewinnen, Stimmung zu machen für Kandidaten, von denen festes Eintreten für die Sache der Frauen sicher zu erwarten steht, nicht allein der Partei, sondern auch der Person nach. Wie sie das am besten machen können, das möchten sie von ihren englischen Schwestern lernen, welche schon lange in solcher Taktik Meister sind! Ein planvolles stetiges Arbeiten nach dieser Richtung wird den Befähigungsnachweis zu erbringen haben für die politische Reife der deutschen Frauen überhaupt, für ihren Willen und ihre Einsicht, an der nationalen Arbeit mitzuwirken auf den weiten Gebieten des öffentlichen Rechts, von welchem sie heute noch so gut wie ausgeschlossen sind und welches nicht nur in der Berechtigung auf die öffentlichen Unterrichtsanstalten und die Wahlurne besteht, sondern in der Lösung der schweren Aufgaben der gesamten öffentlichen Wohlfahrt."

Bei sozialdemokratischen Wahlkampfveranstaltungen gab es schon länger Rednerinnen. Über Emma Ihrer heißt es in einem Brief von Friedrich Engels, der 1891 am SPD-Parteitag in Erfurt teilgenommen hatte: „Diese Dame scheint übrigens sehr freigiebig mit ihrer Gunst zu sein. Von den jüngeren Fraktionsmitgliedern gab in Erfurt fast jeder einige Erfahrungen darüber zum Besten, was mir allerdings auch nicht sehr ritterlich erschien; ihre Gunst scheint übrigens Glück zu bringen; ihre Liebhaber wurden alle bei den letzten

Wahlen gewählt." Der Sozialist Engels konnte offensichtlich bei einer jungen schönen Frau nur an das „Eine" denken. Tatsächlich bestand die Gunst, die Emma Ihrer gewährte, in Wahlkampfauftritten, die zum erfolgreichen Einzug der Kandidaten in den Reichstag beigetragen hatten.

Im Sommer 1898 griff Rosa Luxemburg, wenige Wochen zuvor von Zürich nach Berlin umgezogen, ins deutsche Wahlkampfgeschehen ein. Die gebürtige Polin mobilisierte als Wahlkampfrednerin in Preußisch-Polen ihre Landsleute zur Wahl der SPD. Da, wo sie aufgetreten war, gab es einen Stimmenzuwachs für die sozialdemokratischen Kandidaten, den Rosa Luxemburg sich anrechnete und der ihre – für eine Frau – damals einmalige Karriere innerhalb der SPD begünstigt haben dürfte. Nur wenige Monate später wurde sie Chefredakteurin der *Sächsischen Arbeiterzeitung*, mit einer Auflage von mehr als 100.000 Exemplaren zweitgrößte sozialdemokratische Tageszeitung. Später bekleidete sie die gleiche Funktion bei der *Leipziger Volkszeitung*. Und von 1906 bis 1914 war sie die einzige Dozentin an der Parteischule der SPD.

Aber auch die als Theoretikerin anerkannte Doktorin der Nationalökonomie wurde immer wieder mit der Frauenfeindlichkeit der Genossen konfrontiert. Als Rosa Luxemburg die Chefredaktion übertragen wurde, war von „Unterrockspolitik" die Rede gewesen. Nach kurzer Zeit waren die Redakteure, denen sie Unfähigkeit vorgeworfen hatte, gegen ihren autoritären Führungsstil Sturm gelaufen. Weil sie auch über alltägliche Probleme und Menschlichkeit schrieb, warf ihr Lenin später Sentimentalität vor. Die Männer, denen sie über den Kopf gewachsen war, mochten sie nur, wenn sie ihr gegenüber den Kavalier spielen durften, also in der Rolle der schwachen Frau.

Rosa Luxemburg engagierte sich nicht offen in der Frauenpolitik, weil sie nicht in diese Ecke abgeschoben werden wollte. „Von der Sache der Weiber verstehe ich nichts", erklärte sie deshalb immer wieder. Mehrmals sorgte sie dafür, dass auch Genossinnen an die Parteischule delegiert wurden. Viele Frauen ermutigte sie politisch, weil sie der lebende Beweis war, dass Frauen durch ihren anderen Politikstil und ihren basisdemokratischen Ansatz politisch etwas erreichen können. Dass sie auch in der Liebe neue Wege beschritt, war zu ihren Lebzeiten nicht bekannt.

Doch wie war es angesichts des Politikverbots für Frauen überhaupt möglich, dass sie als Wahlkampfrednerinnen auftreten konnten? In § 21 des preußischen Vereinsrechts hieß es: „Wahlvereine unterliegen den Beschränkungen des § 8 nicht." Das heißt, Frauen konnten sowohl Mitglieder in diesen werden, als auch an deren Versammlungen teilnehmen. War die Ausnahmeregelung getroffen worden, weil die Männer im Wahlkampf die weibliche Unterstützung nicht entbehren wollten?

Bei der SPD waren Frauen nicht nur gefragte Wahlkampfrednerinnen, sie arbeiteten auch in den Wahlbüros mit, verteilten Wahlzettel, erinnerten am Wahltag „säumige Wähler an ihre Pflicht" und „schleppten die Männer fleißig zum Wahltisch". Die Genossinnen nutzten die Freiheiten des Wahlkampfes aber nicht nur zur indirekten Wahlbeteiligung, sondern auch für eigene frauenpolitische Versammlungen und Organisationen. Während des Reichstagswahlkampfes im Frühjahr 1903 gründeten sie zum Beispiel einen „Sozialdemokratischen Wahlverein der Frauen für Berlin und Umgebung", dem sich mehr als tausend Frauen anschlossen.

Bei bürgerlichen Wahlkampfveranstaltungen blieben Frauen auch nach der Jahrhundertwende noch etwas sehr Fremdes, wie folgender Bericht zeigt, der 1901 im *Hamburgischen Korrespondenten* erschien und von einem Mitglied des „Vereins Frauenwohl" stammt: „Noch in keinem Jahre war die Wahlbeteiligung bei den Bürgerschaftswahlen eine so rege wie in diesem, und das Interesse dafür hatte auch die Frauen ergriffen. Sie sind Steuerzahler wie die Männer, und es kann ihnen ganz und gar nicht gleichgültig sein, wer über das Wohl und Wehe ihrer Vaterstadt zu entscheiden hat. Frauen wollten Wahlversammlungen besuchen, um zu hören, was die Herren Kandidaten zu sagen hatten. In die sozialdemokratischen Versammlungen erhielten wir Frauen ohne Schwierigkeiten Einlass und konnten an die Kandidaten nach Belieben Fragen stellen. Waren diese auch nicht immer befriedigend, so wären wir zufrieden gewesen, wenn es uns bei den übrigen Parteien ebenso ergangen wäre. Die Wahlversammlungen der übrigen Parteien der Bürgerschaft sind bekannterweise nur gegen Einlasskarten zu besuchen; trotzdem gelang es uns endlich ohne Karte in eine derselben einzudringen, und zwar – ‚weil wir Damen waren'. Offenbar amüsierte es die Herren, Damen in einer Wahlversammlung zu sehen. Das war gerade für ernst denkende Frauen keine Schmeichelei, aber wir schluckten die bittere Pille mit lächelnder Miene hinunter. Die Männer müssen es noch lernen, uns Frauen ernst zu nehmen! An dem Abend aber galt es für uns, Einlass zu finden, gleichwohl um welchen Preis. Wir hatten wichtige Fragen an die Herren Kandidaten zu richten, soziale Reformen und die Frauenfrage betreffend. Wir waren bereit, diejenigen Männer, die unsere Forderungen vertreten würden, bei der Kandidatur nach Möglichkeit zu unterstützen: es wäre nicht das erste Mal gewesen, dass Männer ihre Wahl den Frauen verdankten. Aber bis zum Fragestellen an den Kandidaten sollten wir nicht kommen, denn der Vorsitzende verweigerte auf eine Anfrage hin den Frauen das Wort."

War dies der Grund, dass die „Radikalen" in den nächsten Wahlkämpfen schriftliche Auskunft von den Kandidaten zu ihren frauenpolitischen Positionen verlangten? Für die Reichstagswahlen 1903 entwickelten sie ein Formular mit ihren Forderungen, dass sie den Kandidaten zukommen ließen. Obwohl die Sozialdemokratie die einzige Partei war, die

die Gleichberechtigung der Frau in ihrem Programm verankert hatte, kam eine offene Unterstützung von SPD-Kandidaten für die bürgerlichen Frauen aus prinzipiellen Gründen nicht infrage. Clara Zetkin warf ihnen in der *Gleichheit* immer wieder ihre Inkonsequenz vor: dass sie sich für die Wahl von Männern engagierten, die in den Parlamenten gegen die Forderungen der Frauen stimmten.

Die Bürgerlichen sahen in ihrer Wahlhilfe eine Art Vorleistung. Sie setzten darauf, dass ihrem praktischen Einsatz die Anerkennung auf Dauer nicht versagt bleiben würde. In den *Parlamentarischen Angelegenheiten*, die seit 1899 als Beilage der von Minna Cauer herausgegebenen Zeitschrift *Die Frauenbewegung* erschien, um Frauen mit den politischen Vorgängen in den Parlamenten vertraut zu machen, rief die verantwortliche Redakteurin, Anita Augspurg, die Frauen dazu auf, sich an der Wahlkampfarbeit der Parteien zu beteiligen und sich für keine Arbeit zu schade zu sein: „Mag dieselbe noch so unerquicklicher Natur, noch so mechanisch und eintönig sein … den Handlangerarbeiten werden wichtigere Aufträge folgen."

Anita Augspurg, die erste promovierte deutsche Juristin, die zu den führenden „Radikalen" gehörte, wurde im Herbst 1902 durch eine spektakuläre Festnahme weit über die Frauenbewegung hinaus in ganz Deutschland bekannt. „Wegen auffälligen Gebarens", das heißt Prostitutionsverdacht, wurde sie während einer Vortragsreise auf dem Bahnhof in Weimar „aufgegriffen". Die Juristin verfasste selbst die Beschwerdeschrift an die Behörden. Und mit zahlreichen Solidaritätsbekundungen, Versammlungen und Resolutionen protestierte die Frauenbewegung gegen das „Ausnahmegesetz für das gesamte weibliche Geschlecht" und die „absolute Rechtlosigkeit der Frau auf Straßen und Plätzen".

Wenn Frauen abends Versammlungen besuchten oder in anderen Frauenvereinsangelegenheiten unterwegs waren, mussten sie nicht nur stets mit ihrer Kriminalisierung wegen Verstoß gegen das Vereinsrecht rechnen, sondern immer auch damit, als vermeintliche Prostituierte bei der so genannten Sittenpolizei eingeliefert und einer Zwangsuntersuchung auf Geschlechtskrankheiten unterzogen zu werden. Das galt übrigens auch für Frauen, die nachts auf dem Nachhauseweg von der Arbeit waren, und Frauen, die es wagten, sexuelle Belästigung durch Männer anzuzeigen. Frech behaupteten die Männer einfach, die Frauen hätten sie angesprochen und ihnen ein Angebot gemacht.

Und während es bei den Männern üblich war, zwischen kriminellen und politischen Häftlingen zu unterscheiden, mussten alle Frauen bei Haftantritt, egal ob Prostituierte, Kriminelle oder Politische, eine Zwangsuntersuchung über sich ergehen lassen. Wie erniedrigend diese ablief, schildert Luise Zietz, eine der Führerinnen der sozialdemokratischen Frauenbewegung und spätere Reichstagsabgeordnete, die 1900 wegen eines Vergehens gegen das Pressegesetz drei Tage in Haft verbringen musste, in einem Bericht, der in der von Minna Cauer herausgegebenen Zeitschrift *Die Frauenbewegung* abgedruckt wurde:

„Nachdem ich gebadet hatte und mit Anstaltswäsche versehen worden war, wurde ich mit einer ganzen Kolonne Gefangener zum Arzt geführt; es befanden sich unter ihnen eine Anzahl Prostituierter, welche die Kontrollvorschriften übertreten hatten, Diebinnen, Korrigenden usw … Damit der Herr Doktor keine Sekunde zu warten brauchte, mussten wir entkleidet auf dem zugigen Korridor vor dem Untersuchungszimmer warten … Ob der Arzt sich nach jeder einzelnen Untersuchung die Hände gereinigt hat, kann ich nicht sagen. Nach der sagenhaften Schnelligkeit, mit der die Sache vor sich ging, scheint mir fast Grund vorzuliegen, daran zu zweifeln … Wie ich auf Wink der Wächterin entkleidet – selbst die Schuhe musste man draußen ausziehen – ins Zimmer des

Arztes trat und von diesem auf das Gröbste angeschnauzt und mit ,Du' angeredet wurde, glaubte ich mich nicht nur meiner Kleider, sondern auch meiner Menschenwürde beraubt, so entsetzlich erniedrigend und demütigend wirkte der ganze Vorgang auf mich."

Anita Augspurg hatte 1900 den Verein „Frauenrechte" mit dem Ziel initiiert, Polizei und Justiz zu provozieren. Die Organisatorinnen legten alles darauf an, dass der Verein bald verboten würde. Augspurg wollte einen juristischen Grundsatzstreit durchfechten, aber auch breite Frauenmassen gegen das Politikverbot mobilisieren. Die Polizei überwachte zwar die Vereinstreffen und vom Verein einberufene öffentliche Versammlungen, aber auf ein Verbot wartete der Verein „Frauenrechte" vergeblich.

Stattdessen wurde Minna Cauer als Vorsitzende von „Frauenwohl" der Prozess gemacht, weil sich dieser Verein in der Arbeiterinnenfrage engagiert hatte. Hier trat das zweierlei Maß, mit dem das Politikverbot für Frauen angewendet wurde, besonders deutlich zutage. Frauenpolitische Angelegenheiten an sich interessierten die Behörden nicht, die Gefahr sahen sie in der Arbeiterinnenbewegung, deren sozialistischer Ausrichtung und Stärkung der Sozialdemokratie sowie deren Verbindung zu den Bürgerlichen. Deshalb wurden gelegentlich auch die Bürgerlichen, vor allem aber deren radikaler Flügel, überwacht.

Da der preußischen Polizei untersagt war, im Reichstag zu observieren, durfte der „Verband fortschrittlicher Frauenvereine", zu dem sich die „radikalen" Frauenvereine 1899 zusammengeschlossen hatten, weil ihnen der „Bund deutscher Frauenvereine" zu unpolitisch war, 1901 seine alle zwei Jahre stattfindende zentrale Konferenz nicht im Reichstag durchführen. Obwohl ihm Räume im Reichstag zugesagt waren, musste er die Tagung nach der Eröffnung an einem Ort fortsetzen, zu dem die Polizei Zutritt hatte.

„Gegen die würdelose Behandlung deutscher Frauen durch völlig überlebte Vereins- und Versammlungsgesetze" organisierte Anita Augspurg 1901 eine besondere Protestveranstaltung in Berlin. „Frauen aller Kreise, Kopf- und Handarbeiterinnen, sollten zu Wort kommen: Schauspielerin, Lehrerin, Ärztin, Journalistin, Arbeiterin, Handlungsgehilfin, Hausangestellte usw. Lustig ging es da hinter den Kulissen her", heißt es in den Erinnerungen von Lida Gustava Heymann, der politischen Kampf- und Lebensgefährtin von Anita Augspurg. „Da nicht für alle Berufe redegewandte Frauen zur Verfügung standen, verfasste Anita Augspurg manche deren Lage charakterisierende Rede, die dann von Frauen vorgetragen wurden, welche genügend Energie hatten, öffentlich zu sprechen, oder denen es beigebracht wurde. Der Erfolg war glänzend, das kraftvolle und freimütige Auftreten aller Rednerinnen machte den denkbar besten Eindruck, löste großen Beifall aus."

Ein Jahr später musste die Polizei eine Veranstaltung zum gleichen Thema vor dem zu großen Andrang der Frauen schützen. Minna Cauers *Die Frauenbewegung* berichtete süffisant: „Da das Versammlungslokal lange vor Beginn überfüllt war, wurden die Türen gesperrt und der Zugang zur Leipziger Straße, vor dem sich Tausende vergeblich um Einlass bemühten, musste von zwanzig, darunter berittenen, Schutzleuten freigehalten werden." Führte dieser immer breitere Frauenschichten erreichende Protest 1902 zur Einführung des so genannten „Segments"? Nach einem Erlass des preußischen Innenministers von Hammerstein war es Frauen fortan gestattet, an Vereinsversammlungen als Zuhörerinnen teilzunehmen, wenn sie wie in der Kirche getrennt von den Männern saßen und schwiegen.

Ottilie Baader rechnete dies in ihren Memoiren der Arbeiterbewegung als Verdienst an. Diese habe sich wiederholt über das zweierlei Maß beschwert, bei dem das Politikverbot für Frauen nur gegen sie angewendet wurde. Während der SPD selbst Tanzveranstaltungen mit der Begründung untersagt wurden, dass zum Tanzen Männer und Frauen gehörten, waren Frauen bei konservativen Vereinsfeierlichkeiten selbstverständlich zugelassen, und „Jungfrauenvereine" durften den Kaiser singend begrüßen.

Minna Cauer sah im „Segment" nur die Fortschreibung der Diskriminierung: „Für uns Verbot der Rede, das Gebot im Abteil zu sitzen, geduldet, nur geduldet, als wären wir kleine Kinder oder als bereiteten wir den Staatseinsturz vor, wenn wir uns am öffentlichen Leben beteiligen." Sie appellierte an die Frauen: „Entweder beweisen die Frauen endlich mit rücksichtsloser Energie, dass sie diese niedrige Stellung im öffentlichen Leben nicht mehr ruhig hinnehmen wollen, oder sie mögen den Mut haben, sich das Armutszeugnis auszustellen, dass sie mit dieser tiefen Einschätzung einverstanden sind."

Minna Cauer hatte im September 1902 auf der Generalversammlung der „Gesellschaft für Soziale Reform" in Köln miterleben müssen, dass Helene Simon, die als Expertin für Frauenarbeitsschutz eingeladen worden war, ihr Referat von einem Mann hatte verlesen lassen müssen, während sie selbst wie alle anderen Zuhörerinnen ins „Segment" verbannt worden war und sich nicht einmal an der Aussprache beteiligen durfte. „Lieb' Vaterland kannst ruhig sein! Fest steht die Polizei am Rhein!", lautete dazu die Überschrift von Cauers Bericht in *Die Frauenbewegung*.

Doch der Kölner Skandal ging weiter. „Der § 8 des Vereinsgesetz muss fallen, bevor wir Frauen in unseren Vereinen über politische Dinge verhandeln dürfen", hatte die Kölner „Radikale" Pauline Christmann bei einer Zusammenkunft des Kölner Hirsch-Duncker'schen Frauen-Gewerksvereins öffentlich erklärt. Die Polizei unterbrach daraufhin sofort die Sitzung, verbot den Verein und klagte die Rednerin an. Das Gericht sprach sie allerdings frei, weil es in ihrer Forderung keine politische Äußerung, sondern eine Rechtsbelehrung sah. Inzwischen war der Fall bis in den Reichstag gelangt, und Anita Augspurg nutzte das Aufsehen zu einer Vortragstour, bei der ihre Resolution gegen das Politikverbot große Zustimmung fand.

Wenn der preußische Innenminister geglaubt hatte, die Frauen mit der Einführung des „Segments" beschwichtigen zu können, hatte er sich gewaltig getäuscht. Die Absurdität dieser neuen Regelung veranlasste selbst den ansonsten in politischen Angelegenheiten so zurückhaltenden „Bund deutscher Frauenvereine" zu folgender Erklärung: „Deutlicher als die längsten Abhandlungen illustriert dieser Erlass die Sinnlosigkeit und völlige Unhaltbarkeit des § 8 des Preußischen Vereinsrechts".

Hedwig Dohm stellte 1902 fest: „Die Frauenfrage in der Gegenwart ist eine akute geworden. Auf der einen Seite werden die Ansprüche immer radikaler, auf der anderen die Abwehr immer energischer. Letzteres ist erklärlich. Je dringender die Gefahr der Fraueninvasion in das Reich der Männer sich gestaltet, je geharnischter treten ihr die Bedrohten entgegen."

„Der Mann hasst das Weib nicht, es sei denn, dass er gezwungen ist mit ihm zu kämpfen", hatte Paul Julius Möbius 1900 in seinem Buch *Über den physiologischen Schwachsinn des Weibes* erklärt, das in kürzester Zeit zum Bestseller avanciert war, bis 1908 insgesamt achtmal aufgelegt und selbst während der Weimarer Republik noch mehrmals nachgedruckt wurde. „Der weibliche Schwachsinn [ist] nicht nur vorhanden, sondern auch dem Weibe um des Mutterberufes willen notwendig", lautete die Kernthese des Berliner Arztes. Das hatte für Möbius nichts Frauendiskriminierendes: „Sehen wir uns … auch genötigt, das normale Weib für schwachsinnig zu erklären, so ist damit doch nichts zum Nachteil des Weibes gesagt." Er

rief dazu auf: „Schützt das Weib vor Intellektualismus!" Denn:
„Nur durch Abweichung von der Art, durch krankhafte Veränderungen kann das Weib andere Talente, als die zur Geliebten und Mutter befähigenden, erwerben".

In ihrem Buch *Die Antifeministen* rechnete Hedwig
Dohm Möbius unter die Kategorie der „Ritter der mater
dolorosa", die „sich ... als Schutzengel, die ihre Götterhände
über das gequälte Weib halten [gebärden] ... Mann – mit
doppelt ‚n' – muss die Frau ... vor sich selbst schützen,
Emanzipation wäre ihr Unglück". Am häufigsten vertreten
sah sie die „Altgläubigen", die mit dem „lieben Gott und den
Naturgesetzen" argumentierten. „Ihr Hauptgrundsatz: Weil
es immer so war, muss es immer so bleiben." Außerdem
machte sie „Herrenrechtler" und „Egoisten" aus: „Die Herrenrechtler ... pochen mehr auf ihre Rechte als auf die himm-
lischen ... [Sie] machen Front gegen die Frauenbewegung –
aus Furcht ... Weil sie sich heimlich ihrer Schwäche bewusst
sind, betonen sie bei jeder Gelegenheit ihre Oberhoheit. Die
Motive derer, die das Pulver nicht erfunden haben, liegen
zutage. Wenn die Frau nicht dümmer wäre als sie, wer wäre
es denn? Wenn der arme Schlucker auch von allen Männern
über die Achsel angesehen wird, als Mann steht er doch über
der größeren Hälfte des Menschengeschlechts – den Frauen.
Da spielt er die erste Geige, die eigentlich eine Pfeife ist, nach
der das Weib zu tanzen hat ... Der praktische Egoist betrachtet die Frauenemanzipation vom Standpunkt der Vorteile
oder Nachteile, die ihm daraus erwachsen könnten. Er ...
fürchtet von ihr die Konkurrenz beim Broterwerb, sieht aber
zugleich in der Erwerbsfrau die Zerstörerin seiner häuslichen
Behaglichkeit. Was? Sie will Griechisch oder Mathematik
treiben? Wozu? Was habe ich davon?"

Im Kapitel *Weib gegen Weib* setzte sich Hedwig Dohm
auch mit dem Antifeminismus beim eigenen Geschlecht auseinander. In der Verteidigung des Weiblichen durch viele

Frauen sah sie eine Behinderung und Gefahr für die Frauen-emanzipation. Hedwig Dohm engagierte sich seit der Gründung in Minna Cauers „Verein Frauenwohl" und vertrat nicht nur den Standpunkt der „Radikalen", sie lieferte ihnen die schlagkräftigsten Argumente.

Die „radikale" Juristin Augspurg hatte inzwischen neue Lücken im vereinsrechtlichen Politikverbot für Frauen entdeckt. Zum einen galt es nicht in der freien Hansestadt Hamburg. Und zum anderen war es in den Frauen diskriminierenden Landesvereinsgesetzen versäumt worden, den Frauen die Mitgliedschaft in einer politischen Vereinigung außerhalb der jeweiligen Landesgrenze zu untersagen. Beides machte sich Anita Augspurg gemeinsam mit Lida Gustava Heymann zunutze. Sie gründeten 1902 den „Deutschen Verein für Frauenstimmrecht" mit Sitz in Hamburg. Frauen aus ganz Deutschland schlossen sich an. Damit trat die Forderung nach dem Frauenwahlrecht in eine neue organisierte Phase. Praktisch zeigte sich das in neuen Aktionsformen, die der „Frauenstimmrechtsverein" entwickelte und koordinierte. An den Wahltagen zogen die Mitglieder des Vereins zu den Wahllokalen und verlangten lautstark, in die Wahllisten eingetragen und zu den Urnen zugelassen zu werden.

Auch gegenüber dem „Bund deutscher Frauenvereine" konnte Anita Augspurg mit dem neuen Verein im Rücken vehementer auftreten. Bei der im Juni 1904 vom BDF ausgerichteten Tagung des „International Council of Women" in Berlin war die Juristin als Verantwortliche für den Themenbereich „Die rechtliche Stellung der Frau" vorgesehen. Sie verlangte, dass das Frauenwahlrecht, dass nach dem Willen des BDF nur auf der internen Tagung hinter verschlossenen Türen behandelt werden sollte, auch auf das Programm des öffentlichen Kongresses gesetzt werden müsse. Das hätte bedeutet, dass der Dachverband der bürgerlichen Frauenbewegung zu dem unter seinen Mitgliedern heiß umstrittenen

Thema Position hätte beziehen müssen. Als der BDF dies ablehnte, luden Anita Augspurg und Minna Cauer zu einem eigenen Stimmrechtskongress ein. Mit großem Anklang fand er zwei Tage vor der Tagung des Internationalen Frauenbundes ICW wie dieser in Berlin statt. Neben den Deutschen beteiligten sich Delegierte der Stimmrechtsbewegung aus den USA, England, Holland, Dänemark, Schweden, Norwegen, Australien, Kanada und Finnland. Und aus Ungarn, der Schweiz, Österreich und Neuseeland, wo es solche Organisationen noch nicht gab, waren Einzelpersonen vertreten. Auf diesem ersten internationalen Treffen der Stimmrechtsbewegung wurde der „Weltbund für Frauenstimmrecht" ins Leben gerufen, englisch: „International Woman Suffrage Alliance", damals IWSA, heute IAW für „International Alliance for Woman".

Die internationale Stimmrechtskonferenz forderte „Selbstbestimmung im Hause und Staat" und „alle politischen Rechte und Privilegien" für Frauen. Und zum Wahlrecht hieß es: „Da alle Regierungen die unter ihnen lebenden Männer und Frauen in gleicher Weise beeinflussen, müssen unter allen Regierungen, seien sie republikanisch oder monarchisch, alle politischen Rechte oder Privilegien, welche den Männern zugebilligt werden, unter den gleichen Bedingungen auch den Frauen zugebilligt werden." Da nicht das gleiche demokratische Wahlrecht für alle Frauen gefordert wurde, bezeichnete Clara Zetkin dies als „Damenwahlrecht".

Doch selbst das ging dem ICW zu weit. „Bei dem vorhandenen Interesse, das die Frauen und Mütter daran haben, einen Einfluss auf kommunale Angelegenheiten zu gewinnen, scheint hier ein viel aussichtsreicherer Eintritt für die Agitation zu liegen, als bei dem allgemeinen Stimmrecht, das mit viel tiefer eingewurzelten Vorurteilen zu kämpfen hat", empfahl die „Sektion Recht". Dass am letzten Kongresstag entgegen der ursprünglichen Planung öffentlich über das Thema debattiert worden war, wurde bereits als Beginn „einer neuen Epoche für die Frauenbewegung" gefeiert.

Um sich auf den Einzug in die Parlamente vorzubereiten, sollten nach Minna Cauer die Frauen in ihren Vereinen und Verbänden parlamentarische Gepflogenheiten üben und den Männern damit auch ihre Reife für die Politik demonstrieren. In diesem Sinne kritisierte auch der BDF: „Sehen wir die Zusammenkunft der bürgerlichen Frauen in Nürnberg [1906], so können wir nur konstatieren, dass die Leitung durchaus gerecht und gewandt war, leider aber ließ die parlamentarische Schulung der ‚Rechten', d. h. der ‚Gemäßigten' oder besser gesagt, der Vertreterinnen des ‚Alten' fast alles zu wünschen übrig." Cauer vermisste die „Formen …, welche zu ernsten und wichtigen Verhandlungen notwendig sind".

Im Gegenzug mokierte sich die „gemäßigte" Helene Lange über den „Scheinparlamentarismus" der anderen: „Die steigende Gewissenhaftigkeit, mit der die sog. ‚Radikalen' schon vor Tau und Tage die linke Seite des Sitzungssaals für sich reservieren lassen, wirkte doch gar zu komisch, ebenso wie die Gepflogenheit, an alles die Marke ‚fortschrittlich' zu hängen, was den eigenen Reihen entstammt, als ‚rückschrittlich' dagegen zu brandmarken, was nicht im eigenen Kessel gebraut ist."

„Ein Wendepunkt in der Geschichte" –
Das Jahr 1908

„Das Jahr 1908 bedeutete einen Wendepunkt in der Geschichte der politischen Frauenbewegung", hielt Ottilie Baader, die seit 1900 an der Spitze der sozialdemokratischen Frauenbewegung stand, in ihren Erinnerungen fest. „Das Reichsvereinsgesetz war endlich im Reichstag durch die letzte Lesung gehetzt und angenommen worden. Der einzige Fortschritt, den dieses Gesetz brachte, war die Gleichstellung der Frau mit dem Mann. Sie war mündig geworden."

Im April 1908 beschloss der Reichstag das erste Reichsvereinsgesetz. Am 15. Mai des gleichen Jahres trat es in Kraft, wodurch alle Landesvereinsgesetze mit ihren Frauen diskriminierenden Bestimmungen automatisch ihre Gültigkeit verloren. Dass den Frauen das politische Koalitionsrecht nicht länger vorenthalten würde, hatte sich mit den ersten Entwürfen abgezeichnet und war in den langwierigen Beratungen des Gesetzes auch nicht mehr infrage gestellt worden.

Die Ausbreitung der Protestbewegung gegen die Entmündigung der Frauen bis weit in bürgerliche Kreise hinein hatte dazu ebenso beigetragen wie das klägliche Scheitern des 1902 eingeführten „Segmentes". Entscheidend für die sang- und klanglose Abschaffung des Politikverbotes für Frauen nach fast sechzig Jahren aber war, dass die Arbeiterinnenbewegung, gegen die die Behörden das Vereinsrecht in erster Linie praktisch angewendet hatten, damit nicht mehr aufzuhalten war. In Ottilie Baaders Memoiren heißt es zum neuen Recht für die Frauen: „Für uns bedurfte es deren kaum noch, denn die proletarische Frauenbewegung hatte sich in einem zähen Kleinkrieg eine politische Bewegungsfreiheit erkämpft, mit der sie auch ohne formales Recht auskam".

Mit unerschöpflicher Kreativität und Zähigkeit hatte die Arbeiterinnenbewegung immer wieder neue Organisationsformen entwickelt, um das Vereinsrecht zu umgehen und die Behörden hinters Licht zu führen. Nachdem 1895 auch die „Frauenagitationskommissionen" verboten worden waren, hatten die Arbeiterinnen in Nachahmung der gewerkschaftlichen und sozialdemokratischen Vertrauenspersonen auf öffentlichen Versammlungen Vertrauensfrauen gewählt. Eine einzelne Frau, bei der alle Fäden der Organisation zusammenliefen, konnte zwar von den Polizeibehörden weiter mit Bespitzelungen, Hausdurchsuchungen etc. drangsaliert werden. Das Vereinsrecht aber war nicht auf eine Einzelperson anwendbar.

Die erste deutschlandweite sozialdemokratische Frauenkonferenz, die Mitte September 1900 zwei Tage vor dem SPD-Parteitag in Mainz durchgeführt wurde, erklärte die Vertrauensfrauen zum wichtigsten Bestandteil der sozialdemokratischen Frauenorganisation und wählte Ottilie Baader zur Zentralvertrauensfrau für ganz Deutschland. In der Begründung gegenüber der SPD, warum solch „weibliche Sonderorganisationen" notwendig seien, spielte das Politikverbot für Frauen keine Rolle.

„Weil die allgemeinen Parteiorganisationen dem Interesse der Frauen nicht ganz dienten", erklärte Clara Zetkin und fügte hinzu: „In der Theorie sind die Genossinnen schon gleichberechtigt, in der Praxis aber hängt der Philisterzopf den männlichen Genossen noch ebenso im Nacken wie dem ersten besten Spießbürger."

Bestätigt wurde diese Einschätzung durch die Ablehnung des SPD-Parteitages, die Vertrauensfrauen als den SPD-Vertrauensmännern gleichberechtigt anzuerkennen. Die Genossen befürchteten „Nebenregierungen". Frauenversammlungen betrachteten sie als Konkurrenz zu den eigenen Veranstaltungen.

Erst vier Jahre später richtete der SPD-Parteivorstand in Berlin ein Frauenbüro ein, das von der Zentralvertrauensfrau und einer „Hilfskraft" geleitet wurde. Bis dahin hatte Ottilie Baader die unzähligen Aufgaben, die mit ihrer neuen Funktion verbunden waren, wie alle anderen Genossinnen ehrenamtlich neben ihrer Erwerbsarbeit als Heimarbeiterin erfüllt. Bis 1904 war Clara Zetkin als Redakteurin der *Gleichheit* die Einzige, die von der SPD bezahlt wurde, obwohl viele Genossinnen, auch wenn sie legal nicht Mitglied einer Partei werden durften, regelmäßig freiwillige Beiträge an die SPD abführten. 1.800 Mark erhielt Ottilie Baader als Leiterin des SPD-Frauenbüros nun als Jahresgehalt. Dies entsprach dem Durchschnittseinkommen eines Fabrikarbeiters und überstieg damit das einer Fabrikarbeiterin um das Doppelte, einer Heimarbeiterin um das Mehrfache.

Mit den Vertrauensfrauen wurde nicht nur das Vereinsrecht umgangen, es war auch wesentlich einfacher, eine Vertrauensfrau zu wählen als einen Verein zu gründen. Gab es ein Jahr nach dem Beschluss der sozialdemokratischen Frauenkonferenz erst 28 Vertrauensfrauen, wuchs ihre Zahl in den folgenden Jahren nach dem Schneeballprinzip rasant an. Zunächst waren es bereits als Rednerinnen erfahrene Genossinnen, die sich auf Agitationstour durch Deutschland begaben und bei Frauenversammlungen, auf denen sie zu Frauenthemen wie zum Beispiel „Der Lebensmittelwucher und die Frau als häuslicher Finanzminister" sprachen, die Wahl von neuen Vertrauensfrauen initiierten. Damit nicht eine Frau die schwierige Aufbauarbeit allein leisten musste, wurden häufig auch Stellvertreterinnen bestimmt.

An einigen Orten wurden zugleich Frauenbildungsvereine ins Leben gerufen, deren Angebot von der vielen Arbeiterinnen fehlenden Allgemeinbildung über politische Aufklärung bis zur Rednerinnenschulung reichte. Diese Bildungsvereine stießen unter den Arbeiterinnen auf große Resonanz.

In Magdeburg zum Beispiel gehörten schließlich 450 Frauen zu dem dortigen Mädchen- und Frauenbildungsverein. Nicht selten bekamen aber auch diese Vereine Schwierigkeiten mit den Behörden, weil die darin Tarnorganisationen zur Umgehung des Politikverbots für Frauen sahen.

Die neu gewählten Vertrauensfrauen organisierten Frauenversammlungen nicht nur an den Orten, für die sie zuständig waren, sondern auch in deren Nachbarschaft. Luden sie dazu zunächst noch andere Referentinnen oder auch Referenten ein, trauten sie sich bald, ermutigt durch die gesammelten Erfahrungen und in den Bildungsvereinen qualifiziert, selbst ans Redepult. Beispiele hierfür sind Minna Bollmann und Marie Wackwitz, die Vertrauensfrauen aus Halberstadt und Dresden. Sie unternahmen eigene Agitationstouren und begründeten mit ihrer Funktion ihren politischen Aufstieg bis zum Einzug in den Reichstag als Abgeordnete.

Die sozialdemokratische Frauenkonferenz hatte beschlossen, dass die Vertrauensfrauen halbjährlich Berichte über ihre Tätigkeit auf öffentlichen Frauenversammlungen geben und sie nach einem Jahr in ihrer Funktion bestätigt oder neu gewählt werden sollten. Die Berichte der Vertrauensfrauen wurden in der *Gleichheit* abgedruckt und förderten somit den Austausch untereinander. *Die Gleichheit* wurde das Zentralorgan der Vertrauensfrauen.

Nachdem an immer mehr Orten Vertrauensfrauen gewählt worden waren, wurden zur lokalen Vernetzung Kreis- oder auch Bezirksvertrauensfrauen bestimmt. Bis 1907 war die Zahl der Vertrauensfrauen auf insgesamt 407 angewachsen. Dass aus der proletarischen Frauenbewegung eine wirkliche Massenbewegung geworden war, belegen noch eindrucksvoller die zunehmenden Abonnentinnenzahlen der *Gleichheit*: sie waren von gerade mal 4.000 im Jahr 1900 auf beachtliche 75.000 im Jahr 1907 gestiegen. Die absolute Zahl der Leserinnen und damit der Frauen, die sich der Arbeiterinnenbewegung zugehörig fühlten, wird allerdings weitaus höher gelegen haben.

Für viele Arbeiterinnen war ein eigenes Abonnement nicht bezahlbar, sie konnten *Die Gleichheit* nur bei anderen mitlesen. In den Frauenbildungsvereinen wurde die Arbeiterinnenzeitung als Schulungsgrundlage genutzt und die Vertrauensfrauen hatten auch die Funktion, sie an Interessierte weiterzugeben. Die vielen neuen Abonnentinnen der *Gleichheit* wurden bei denselben Frauenversammlungen gewonnen, auf denen auch die Vertrauensfrauen gewählt wurden. Nach ihren Auftritten auf neun Versammlungen im Herzogtum Anhalt konnte Luise Zietz 1906 sieben neue Vertrauensfrauen und 528 neue Abonnentinnen für *Die Gleichheit* melden.

Aus dem Kampf gegen das Politikverbot als Siegerinnen hervorgegangen, war es für die Genossinnen selbstverständlich, ihre eigenen Organisationen aufzulösen und sich der SPD anzuschließen. Allerdings stellten sie auch Forderungen an die SPD: Sie wollten weiterhin separate Frauenschulungstreffen durchführen und wie bisher auf Frauentreffen ihre eigenen Delegierten zu Parteitagen bestimmen. In den Vorständen sollten Frauen entsprechend ihrem Mitgliederanteil vertreten sein, zumindest jedoch mit einer für besondere Frauenbelange zuständigen Genossin.

Dieser Beschluss der sozialdemokratischen Frauenkonferenz von 1908 löste bei den Delegierten des sich wie immer anschließenden SPD-Parteitages heftige Gegenreaktionen aus. „Als ob man die ganze Partei unter den Pantoffel der Frau bringen will", meinte einer. Ein anderer behauptete, solche „Sonderrechte" widersprächen der Gleichberechtigung. Viele verwahrten sich gegen das Misstrauen der Frauen gegenüber den Männern. Die gemeinsame Arbeit solle auf einer Vertrauensbasis und nicht auf Regeln aufbauen.

„Es soll ganz offen ausgesprochen werden, dass diese Bestimmung eine Art parteirechtlichen Frauenschutzes sein soll", trat Friedrich Ebert als Vorstandsmitglied diesen Äußerungen entgegen. „In der Kommission hat der Vertreter einer angesehenen Bezirksorganisation erklärt, dass unter seinen 80 Ortsvereinen noch mindestens 40 sind, für deren Vorstände der in unserem Entwurf vorgesehene sanfte Druck sehr notwendig ist."

Durchsetzen konnten die Genossinnen die erste Quotierung in der Parteigeschichte. Bis 1933 gab es in allen SPD-Vorständen vom Ortsverein an der Basis bis zum zentralen Parteivorstand mindestens eine Frau – aber selten mehr. Dass Martha Arendsee in Tegel, damals ein Vorort Berlins, 1909 nicht nur als Beisitzerin, sondern zur stellvertretenden Vorsitzenden gewählt wurde, blieb eine Ausnahme. Die 150 Genossinnen, die sich 1908 der SPD in Tegel anschlossen, stellten die Hälfte der Mitglieder, was ebenfalls außergewöhnlich war.

Nicht akzeptiert wurde die Forderung der Frauen, ihre Vertreterinnen und Delegierten wie bisher selbst bestimmen zu dürfen. Damit waren ihre Kandidatinnen vom Wohlwollen der männlichen Mehrheit abhängig, die sich im Zweifelsfall immer für die ihnen Genehmere entschieden. Die schwerwiegenden Auswirkungen dieses Autonomieverlustes sollten sich vor allem langfristig zeigen, nicht zuletzt bei der Nominierung von Frauen auf Listen zu den Parlamentswahlen, nachdem sie zehn Jahre später mit dem aktiven auch das passive Wahlrecht erkämpft hatten.

Beim Parteitag 1908 wurde Luise Zietz in den zentralen Parteivorstand gewählt. Die Frauenkonferenz hatte Ottilie Baader, die bisherige Zentralvertrauensfrau, und Luise Zietz, die mit ihren zahlreichen Agitationstouren maßgeblichen Anteil am Erfolg des Vertrauensfrauensystems hatte, für das Frauenbüro vorgeschlagen. Eine von beiden sollte gleichzeitig ihre Vertretung im Parteivorstand übernehmen. Die 61-jährige Ottilie Baader hatte aus Altersgründen auf diese ehrenvolle, aber auch aufreibende Funktion verzichtet. Im Frauenbüro setzte sie ihre Arbeit bis zu dessen Auflösung 1912 fort.

Der Parteitag von 1911 hatte beschlossen, dass solche Sondereinrichtungen wie das Frauenbüro überflüssig geworden seien. Bereits ein Jahr zuvor hatte der Parteivorstand die vor den Parteitagen übliche Frauenkonferenz abgesagt. Nachdem Luise Zietz 1911 dennoch eine organisiert hatte, kam es zu einem Kompromiss. Anstelle der zentralen Frauenkonferenz traten ebenfalls jährlich stattfindende Bezirkskonferenzen. Einfluss auf zentrale politische Parteientscheidungen hatten diese Konferenzen jedoch nicht, so dass dies ein weiterer Schritt zur Zurückdrängung der Genossinnen bedeutete.

Die Klagen gegen die Frauenfeindlichkeit der Genossen häuften sich. Interesse an Frauenfragen war nicht vorhanden. Aber es mangelte nicht nur an der Bereitschaft, diese Themen bei den gemeinsamen Treffen zu erörtern, vielerorts wurden den Genossinnen auch eigene Frauenversammlungen, Schulungsabende und dergleichen untersagt. Sie sollten sich stattdessen mehr für die so genannten allgemeinen Parteiangelegenheiten einsetzen. Wenn sie auf ihren eigenen politischen Anliegen bestanden, wurde ihnen politisches Desinteresse und mangelndes Engagement unterstellt.

Einerseits durften die Genossinnen nichts unternehmen, um Frauen von der Notwendigkeit einer Mitarbeit in der SPD zu überzeugen. Andererseits wurden sie dafür verantwortlich gemacht, dass nicht mehr Arbeiterinnen der SPD beitraten. Dabei fiel diese Bilanz für die SPD durchaus positiv aus. Die Zahl der weiblichen Parteimitglieder stieg absolut von 62.259 im Jahr 1909 auf 174.754 vor Kriegsbeginn 1914, anteilsmäßig von elf auf knapp 20 Prozent. Die Genossinnen verloren dagegen alles: ihr Frauenbüro, ihre Frauenversammlungen, ihre zentralen Frauenkonferenzen, ihre

Frauenbildungsvereine, ihre Vertrauensfrauen, Frauenthemen, Frauenagitation und Frauenaktionen.

Außerdem gerieten die Genossinnen und damit auch die Frauenfrage sehr schnell in die parteipolitischen Auseinandersetzungen. 1909 stellten die Parteirechten mit Helene Grünberg eine Gegenkandidatin auf zu Luise Zietz, die zum zentristischen Parteiflügel um August Bebel und Karl Kautsky gezählt wurde. Schon 1905 war es in Bayern zu einer Auseinandersetzung um die Führungsrolle in der dortigen Arbeiterinnenbewegung gekommen, nachdem Helene Grünberg von den Nürnberger Gewerkschaften als Frauensekretärin angestellt worden war und bald darauf auch die Funktion der Vertrauensfrau in Nürnberg übernommen hatte. Damals hatte sich die Zentralvertrauensfrau Ottilie Baader auf die Seite der Augsburger Vertrauensfrau Marie Greiffenberg gestellt. Auch 1909 unterlag Helene Grünberg, Luise Zietz wurde bestätigt.

Aufgrund unterschiedlicher parteipolitischer Positionen stellten die Frauen auch selbst Errungenschaften der Frauenarbeit in Frage. Helene Grünberg hatte sich für die Auflösung der Frauenschulungen ausgesprochen, weil sie in ihnen eine marxistische Kaderschmiede sah. Luise Zietz wies den Vorwurf, dass dort Kapitalschulungen betrieben würden, als Unterstellung zurück, verteidigte aber die Notwendigkeit, die Frauen nicht nur praktisch, sondern auch theoretisch politisch zu bilden. Auch der *Gleichheit* wurden immer wieder Theorielastigkeit und Unpopularität vorgeworfen. Dass Clara Zetkin über die Arbeiterinnenzeitung kritische linke Positionen verbreitete, war zudem vielen ein Dorn im Auge. In dieser Auseinandersetzung spielten die von den Rechten geführten Gewerkschaften eine wichtige Rolle. Sie drohten mit der Kündigung der Abos für ihre Mitglieder und der Gründung einer eigenen Zeitung für Gewerkschaftsfrauen. Abgesetzt wurde Clara Zetkin als Chefredakteurin schließlich während des Krieges 1917 wegen ihrer Opposition gegen die Kriegsunterstützung und Burgfriedenspolitik der SPD-Parteiführung.

Weniger eindeutig als die Entscheidung der proletarischen Frauenbewegung, sich der SPD anzuschließen, war die Haltung der bürgerlichen Frauenbewegung zur Parteifrage. Wenn eine Frau in eine Partei eintritt, „emanzipiert sie sich nicht von der Gewalt des Mannes, sondern wird zu seinem Werkzeuge, und ... bekämpft ... gleichzeitig ihr eigenes Geschlecht, indem sie ... Zwietracht unter die Arbeitenden wirft und ein Parteiwesen hervorruft, welches die Kräfte zersplittert". Mit diesen Worten hatte sich Lina Morgenstern schon lange vor 1908 gegen jegliches parteipolitisches Engagement von Frauen ausgesprochen.

Helene Lange, die mit führenden Politikern der Freisinnigen Vereinigung, eine der Parteien der zerstrittenen Liberalen, eng befreundet war, nutzte die neue Möglichkeit. „Ich ging am Tag des Inkrafttretens des Reichsvereinsgesetzes in die Versammlung eines Berliner Lokalvereins in dem freudigen Gefühl, eine neue Welt zu betreten. Das gab dann natürlich eine sehr nachdrückliche Ernüchterung." Helene Lange, die dieser Partei beitrat und bis an ihr Lebensende 1930 treu blieb, beklagte nicht nur die Interesselosigkeit der Parteien gegenüber den neuen weiblichen Mitgliedern und der Frauenfrage, sondern auch „Schwunglosigkeit", „Stumpfsinn" und „Geistesträgheit des politischen Vereinslebens".

Keine der bürgerlichen Parteien hatte wie die SPD die Gleichberechtigung der Frauen zumindest in ihrem Programm verankert. Erst vier Jahre später konnten einige Frauenrechtlerinnen die Fortschrittliche Volkspartei 1912 zu einer Resolution bewegen, in der sie ihre Mitglieder aufforderte, „die Frauen im Kampf um ihre politischen Rechte bis zur vollen staatsbürgerlichen Gleichberechtigung zu unterstützen". Praktische Konsequenzen hatte auch dies nicht. Die meisten bürgerlichen Parteien waren auch nach 1908 nicht bereit, Frauen als Mitglieder aufzunehmen. Politik blieb für sie Männersache. Erst als sie ab 1918 auf die weiblichen Stimmen bei den Wahlen angewiesen waren, sahen sie sich aus taktischen Gründen gezwungen, diesen Standpunkt aufzugeben.

Warum aber gründeten die Frauen keine eigene Partei? Das allerdings war bereits 1907 geschehen. Als die Aufhebung der bisherigen politischen Beschränkungen absehbar war, hatte Maria Lischnewska, die zum radikalen Flügel der Frauenbewegung gehörte, in Berlin die Liberale Frauenpartei ins Leben gerufen. Doch fand diese Partei wenig Resonanz und ging bald sang- und klanglos ein. Ein zentraler Grund hierfür war, dass die Frauenverbände und -vereine die Frauenpartei als Konkurrenz zu ihren Organisationen betrachteten, was bei den herkömmlichen Parteien nicht der Fall war. Aber es gab noch weitere Gründe.

Auch nachdem eine Politisierung die Existenz der Frauenbewegung nicht mehr gefährden konnte, lehnten die „Gemäßigten" eine solche strikt ab. Für die Lehrerin Helene Lange, die zu einer der wichtigsten Persönlichkeiten des gemäßigten Flügels avanciert war, hatte die Frauenbewegung einen Erziehungsauftrag zu erfüllen, sie sollte mit ihren Aufgaben wachsen und nicht um politische Scheinerfolge kämpfen. Wenn eine Frau sich einer Partei anschloss, so entsprach das ihrer individuellen Entscheidung als Bürgerin. Die Frauenrechtlerinnen und ihre Bewegung hatten parteipolitisch neutral und unabhängig zu bleiben. Umgekehrt war für sie eine Parteimitgliedschaft auch nicht von deren Positionen zu Frauenforderungen abhängig. Frauen sollten auch auf andere öffentliche Angelegenheiten Einfluss nehmen. Und da die Welt nicht nur aus Frauenangelegenheiten bestehe, lehnte Helene Lange eine Frauenpartei ab.

In diesem Punkt stimmte ausnahmsweise die „radikale" Minna Cauer mit der „gemäßigten" Helene Lange überein. Auch für Cauer reichte politisches Engagement weit über Frauenbelange hinaus. Und da sich die Frauenrechtlerinnen nicht einmal darüber einig waren – wie sollten dann in einer Frauenpartei in anderen politischen Fragen gemeinsame Positionen gefunden werden? Waren die frauenpolitischen Forderungen der Liberalen Frauenpartei Minna Cauer und anderen „Radikalen" nicht weitreichend genug, stieß deren außenpolitisches Programm, in dem „nationale Stärke nach außen" propagiert und „eine Armee und Flotte, welche Deutschland befähigen, seine Weltmachtstellung aufrecht zu erhalten" gefordert wurde, auf die völlige Ablehnung der Pazifistinnen Cauer, Augspurg, Heymann und andere.

Die in späteren Jahren vehementesten Gegnerinnen der traditionellen Parteien und Befürworterinnen der Gründung einer Frauenpartei, Anita Augspurg und Lida Gustava Heymann, forderten 1908 noch die „bisherige verhängnisvolle Abgeschlossenheit" von Frauenbewegung und Männerparteien zugunsten der Zusammenarbeit zu überwinden, damit „Männer und Frauen zum Wohle des Ganzen viel voneinander lernen" könnten. Sie selber waren schon 1903 in Hamburg, wo kein Vereinsrecht den Frauen dies verbot, der liberalen Freisinnigen Volkspartei beigetreten.

Bald kritisierten die beiden allerdings, dass die Mitgliedsbeiträge der Frauen in die Kassen der Männerparteien flössen und die Frauen sich von den Parteien als Helferinnen missbrauchen ließen, während der Frauenbewegung das Geld und die Mitstreiterinnen für ihre Arbeit fehle. Statt sich länger der Disziplin und dem Diktat der Männerparteien zu unterwerfen, forderten sie die Rückkehr zur „selbständigen unabhängigen Aktion der Frauen". 1911 rief Heymann diejenigen, „denen die politische Befreiung der Frauen alles gilt", dazu auf, „mit aller Macht dahin [zu] streben, dass sich die

Zahl der Anhänger der Mitarbeit der Frauen in politischen Männerparteien von Jahr zu Jahr verringere, die Zahl ihrer Gegner stetig wachse".

Als „Alpha und Omega" betrachteten Augspurg und Heymann nun die Frauenstimmrechtsbewegung. Diese konnte, nachdem alle rechtlichen Hindernisse beseitigt waren, viele neue Mitstreiterinnen gewinnen. Mit der Erlangung der politischen Mündigkeit der Frauen stand nun das Stimmrecht als nächster Schritt im Kampf um die politische Gleichberechtigung auf der Tagesordnung. Doch je größer die Frauenstimmrechtsbewegung wurde, um so mehr wurde auch um Ziel und Taktik gestritten.

1907 hatte sich der Verband für Frauenstimmrecht für das demokratische Wahlrecht ausgesprochen. Das bedeutete gleiches Wahlrecht für alle und Ablehnung aller Sonderregelungen wie zum Beispiel das preußische Dreiklassenwahlrecht, bei dem die Stimmen nach Einkommen und Besitz gewichtet wurden. Aber mit der Festlegung des Frauenstimmrechtsverbandes war die Debatte keineswegs beendet.

Bedeutete das Bestehen auf dem demokratischen Wahlrecht nicht eine zusätzliche Erschwernis auf dem Weg zum Frauenwahlrecht? Warum sollten Frauen sich nicht mit den Rechten zufrieden geben, wie sie auch für die Männer galten? Konnten die Frauen sich nicht immer noch und dann auch viel besser für das demokratische Wahlrecht engagieren, wenn sie überhaupt erst einmal ein Wahlrecht besitzen würden? Wurden mit dieser absoluten Forderung nicht potenzielle Bündnispartner vor den Kopf gestoßen? Gerieten die Frauen damit nicht ins Fahrwasser der Sozialdemokratie, die als einzige für ein demokratisches Wahlrecht kämpfte? Wo blieb die parteipolitische Neutralität?

Bei jeder Verbandstagung wurde nach neuen Kompromissformulierungen gesucht. 1911 schlossen sich die Frauenstimmrechtsvereine, für die das demokratische Wahlrecht keine Grundbedingung darstellte, in der „Deutschen Vereinigung für Frauenstimmrecht" zusammen. Im gleichen Jahr traten Anita Augsburg und Lida Gustava Heymann aus dem Vorstand des „Verbandes für Frauenstimmrecht" zurück, weil sie sich immer mehr isoliert sahen. Neue Vorsitzende wurde Marie Stritt, die mehrere Jahre den „Bund deutscher Frauenvereine" geleitet hatte. 1912 legte Minna Cauer den Vorsitz des Preußischen Landesvereins für Frauenstimmrecht nieder, weil sie die Verwässerung der Positionen nicht mehr mittragen wollte. 1913 gründeten Augspurg, Heymann und Cauer den Deutschen Stimmrechtsbund. Damit gab es auf bürgerlicher Seite drei Frauenstimmrechtsorganisationen. Das führte zu allgemeinen Irritationen und schwächte den Kampf für das Frauenstimmrecht nicht unerheblich.

Mit umso mehr Bewunderung und auch etwas Neid blickte Minna Cauer auf den Frauenwahlrechtskampf der sozialistischen Frauenbewegung. Die hatten 1907 auf ihrem ersten Internationalen Kongress in Stuttgart das Frauenwahl-recht zur zentralen Forderung erhoben und auf ihrer zweiten Zusammenkunft 1910 in Kopenhagen auf Antrag der Deut-schen beschlossen, in allen Ländern jährlich an einem Tag für die Durchsetzung dieser Forderung zu kämpfen. Dies war die Geburtsstunde des Internationalen Frauentages, der im fol-genden Jahr zum ersten Mal durchgeführt wurde. Dass er auch in allen Ländern einheitlich am 8. März begangen wur-de, entwickelte sich erst in den 1920er Jahren.

In Deutschland fand der erste Internationale Frauentag am Sonntag dem 19. März 1911 statt. Damit nahmen die deutschen Sozialdemokratinnen Bezug auf die erste Revoluti-on in Deutschland, die am 18. März 1848 in Berlin begonnen hatte. Über den ersten Internationalen Frauentag in Berlin berichtete Minna Cauer: „‚Dieser Tag gehört den Frauen', so tönt es am Sonntag, dem 19. März, vom Podium der Redner-tribüne … Ein grandioser Gedanke, dass an einem Tage in

Hunderten von Versammlungen in Deutschland, Österreich, Belgien, Holland, Dänemark, in der Schweiz die Frauen aufgerufen werden sollten, um Stellung zum Frauenstimmrecht und zum Wahlrecht zu nehmen ... In Berlin hatte man, sicher infolge der trostlosen Erlebnisse mit der Polizei, von Straßenumzügen abgesehen. Dennoch sah man zu den Versammlungen Trupps von mehreren Hunderten von Frauen ziehen, die alle von einem Gedanken beseelt zu sein schienen: Für uns ist der heutige Tage bestimmt, ja für uns allein. In einen dieser Züge reihte ich mich ein, um die herrschende Stimmung der Arbeiterinnen kennenzulernen, mich daran zu erfreuen, denn es war eine Freude, mitten unter diesen Frauen zu sitzen, denen es auf dem Gesicht stand, das sie gelitten und gearbeitet hatten, dass sie erfüllt waren von dem Gedanken, wir gehören einer großen Partei an, die sich für uns einsetzt."

Doch da täuschten sich die Genossinnen. Mit der Begründung, dass der zweite Internationale Frauentag 1912 „ein Fiasko" gewesen, das Interesse der Frauen daran abgeflaut sei und er der Partei „nur Kosten verursache", wollte der SPD-Parteivorstand den Internationalen Frauentag 1913 abblasen. Auf Intervention von Luise Zietz und Clara Zetkin durften die Frauen, am 2. und 3. März 1913, zwar Versammlungen abhalten, allerdings ohne dass auf den Internationalen Frauentag Bezug genommen wurde. Auch 1914 gab es keinen „Internationalen Frauentag" im ursprünglichen Sinne. Es bedurfte erst des Druckes von Frauenseite, bis ihnen schließlich der Eröffnungstag im Rahmen einer „Roten Woche" zugestanden wurde. Offensichtlich war der SPD die internationale Vernetzung der Sozialistinnen ein Dorn im Auge. Die Genossen befürchteten, dass der Frauentag zu einem zweiten 1. Mai würde oder gar diesem den Rang ablaufen könnte. Der Frauentag war Ausdruck der Unabhängigkeit und der Stärke der proletarischen Frauenbewegung, er war ein Bedürfnis der

Frauenmassen und widerlegte eindrucksvoll das angebliche politische Desinteresse der Frauen.

Sowohl die Versammlungen zum Internationalen Frauentag 1911 als auch jene in den folgenden Jahren waren mit Straßendemonstrationen der Frauen verbunden. Am 19. Januar 1911 waren in Dresden rund fünfhundert Frauen mit einem Transparent „Heraus mit dem Frauenwahlrecht" vom Versammlungsort in der Vorstadt zum Germania-Denkmal in der Innenstadt gezogen. Wenn die Polizei erschien, lösten sich die Frauendemonstrationen auf. Allerdings kam es auch zu Schlagstockeinsätzen gegen das „schwache Geschlecht", wie die SPD-Presse empört berichtete.

1912 wagte sich auch die bürgerliche Frauenstimm-rechtsbewegung zum ersten Mal auf die Straße. Nachdem ihnen in Berlin eine offizielle Genehmigung versagt worden war, organisierten sie im September 1912 eine Kutschfahrt durch München, die großes Aufsehen erregte. Adele Schreiber, eine der Teilnehmerinnen, beschreibt den Ablauf: „Das Unerhörte wurde Wirklichkeit – wir haben es gewagt –, die erste Propagandafahrt durch eine deutsche Großstadt! ... Etwa 20 Wagen, mit bunten Herbstgirlanden festlich geschmückt, mit Tafeln in den Vereinsfarben und der Aufschrift ‚Frauenstimmrecht' führten uns zwei Stunden lang durch die belebtesten Teile Münchens bis zum Endpunkt im herrlichen Englischen Garten. Es gab viele Schaulustige, viele verdutzte und verständnislose Gesichter, aber auch fröhliche Heil- und Hurrarufe ... Sicher aber hat diese Fahrt Tausende veranlasst, sich zum ersten Male, wenn auch nur aus Neugierde, mit dem Begriff des Frauenwahlrechts zu befassen."

Solche öffentlichkeitswirksamen Aktionen der Frauenstimmrechtsbewegung blieben in Deutschland eine Ausnahme. Zu einer Radikalisierung wie bei den englischen Suffragetten, die immer militanter auf Missachtung, Ausschluss und Verfolgung reagierten, kam es nicht. Die deutsche Frauenstimmrechtsbewegung war zu jung, um die hierfür erforderlichen Organisationsstrukturen zu entwickeln, zudem zu klein, zu zerstritten und gespalten. Während sich der „Bund deutscher Frauenvereine" nach wie vor mit politischen Forderungen zurückhielt, war die sozialistische Frauenbewegung in die SPD integriert und setzte letztendlich darauf, durch diese zu ihren Zielen zu gelangen.

Beim so genannten „Gebärstreik" 1913 standen die Frauen erstmals im Mittelpunkt der parteipolitischen Debatte innerhalb der SPD. Zwei sozialdemokratische Ärzte, Julius Moses und Alfred Bernstein, hatten dazu aufgerufen, das Kinderkriegen als politisches Kampfmittel einzusetzen: „Wenn wir keine Ausbeutungsobjekte liefern, dann sind die Kapitalisten am Ende." Damit reagierten sie auf den Vorwurf der Konservativen, dass die Frauenbewegung und die Sozialdemokratie für den Geburtenrückgang in Deutschland verantwortlich seien. Die Emanzipationsbestrebungen würden die Frau „ihrer natürlichen Bestimmung als Mutter" entfremden und in den Arbeiterbezirken sei die Geburtenrate am stärksten zurückgegangen.

Der Aufruf zum Gebärstreik, der als Provokation gedacht war, stieß in den Reihen der SPD auf mehr Interesse als die von Rosa Luxemburg einige Jahre zuvor ausgelöste Debatte um den Massenstreik zur Durchsetzung von gesellschaftlichen Veränderungen. Durch die heftigen Diskussionen, die die Basis zum Gebärstreik führte, sah sich der Parteivorstand, der nichts von diesem Thema hielt, gezwungen zu reagieren. Unter dem Motto „Gegen den Gebärstreik" lud die Berliner SPD am 22. August 1913 zu einer Versammlung in die „Neue Welt" in der Neuköllner Hasenheide ein.

Der Andrang war so groß, dass die Versammlung eine Woche später wiederholt werden musste. Beim ersten Mal kamen 4.000, beim zweiten Mal noch einmal 3.000. Vor allem die Frauen waren zahlreich vertreten, weil hier erstmals

Themen angesprochen wurden, die auch in der Arbeiterbewegung tabu waren: Sexualität, Empfängnisverhütung, Schwangerschaftsabbruch. Die Aufklärungsvorträge von Alma Wartenberg, der Vertrauensfrau von Hamburg-Ottensen, waren eine absolute Ausnahme. Als Dienstmädchen in einem Arzthaushalt, wo sie auch als Sprechstundenhilfe einspringen musste, hatte sie sich die notwendigen Fachkenntnisse angeeignet. Besonderes Aufsehen erregte, dass Alma Wartenberg ihre Vorträge mit Lichtbildern illustrierte.

1913 gehörte Alma Wartenberg zu den Unterstützerinnen des Gebärstreiks. Clara Zetkin erklärte hingegen, das Problem der Proletarierin sei nicht die Zahl der Kinder, sondern der Kapitalismus, der den Müttern nicht die notwendige materielle Absicherung gewähre. Nach ihrer Auffassung war die Beschränkung der Kinderzahl eine persönliche Frage und keine Parteiangelegenheit. Aber einer Selbstbestimmung der Frauen stand sowohl das Abtreibungsverbot des § 218, der 1872 gegen die Stimmen der sozialdemokratischen Reichstagsabgeordneten in das Strafgesetzbuch eingeführt worden war, entgegen, als auch der so genannte „Unzuchtsparagraph", der seit 1900 Handel mit Verhütungsmitteln – außer Präservativen – und selbst die Reklame dafür unter Strafe stellte.

Luise Zietz nutzte die Gunst der Stunde und forderte mehr Engagement der SPD gegen den § 218, für Sexualaufklärung und die Legalisierung von Verhütungsmitteln. Zum zentralen politischen Thema wurde das Abtreibungsverbot erst in der Weimarer Republik. Wenige Monate nach der Gebärstreikdebatte begann der Erste Weltkrieg, der die gesamte Frauenbewegung vor neue Entscheidungen stellte.

„Alle Sonderinteressen müssen ruhen" –
1914 bis 1918

Sechs Jahre nach der Legalisierung der politischen Betäti-
gung der Frauen begann im August 1914 der Erste Weltkrieg.
Gertrud Bäumer, die Vorsitzende des „Bundes deutscher
Frauenvereine", sah die Chance für die Frauenbewegung ge-
kommen, „ihren eigentlichen tiefsten Sinn zu offenbaren …
Für uns Frauen war klar: jetzt wurde der ganze Ertrag unserer
Bewegung, alle erhöhte Kraft, gesteigerte Leistung, Gewöh-
nung an Organisation und Disziplin zur Rüstung und Ein-
satz." Diese „Klarheit über die nationale Pflicht" führte nach
Gertrud Bäumer zur „Einheit unter den Frauen". Bei der
Kriegsunterstützung kam es erstmals zu einer organisierten
Zusammenarbeit von Vertreterinnen der bürgerlichen und
proletarischen Frauenbewegung. Die Motive waren allerdings
sehr unterschiedlich.

Nur ein Tag, nachdem Deutschland durch die Kriegs-
erklärung Kaiser Wilhelms II. an Russland in den Ersten
Weltkrieg eingetreten war, hatte Gertrud Bäumer am 2. August 1914 zu einer Frauenversammlung ins Berliner Rathaus
eingeladen. Die Vorsitzende des BDF erklärte, dass während
des Krieges alle Sonderinteressen ruhen müssten. Das heißt,
die Frauen sollten ihre Forderungen nach Gleichberechtigung
bis zur Beendigung des Krieges zurückstellen. Um das sich
im Krieg befindende Vaterland zu unterstützen, gründeten
die Versammelten den „Nationalen Frauendienst".

Durch die selbst organisierte freiwillige Kriegsunterstützung kam die Frauenbewegung der immer wieder debat-
tierten Dienstverpflichtung für Frauen während des Krieges
zuvor. Die Vertreterinnen der Frauenbewegung verteidigten
durch den „Nationalen Frauendienst" ihre Autonomie und

Selbstbestimmung. Politiker und Militärs mussten sich mit den Frauen verständigen, sie konnten ihnen nicht einfach befehlen. Auch wenn sie diese Einmischung der Frauen in den Krieg ablehnten, schreckten sie aufgrund ihres traditionellen Frauenbildes vor einer Kriegsdienstverpflichtung von Frauen zurück. Von freiwilligen Leistungen war mehr zu erwarten als von Zwangsmaßnahmen. Und der „Nationale Frauendienst" integrierte Millionen von Frauen, die den Krieg unterstützten, statt infrage zu stellen.

Auch Frauen wurden vom nationalistischen Taumel und der Kriegsbegeisterung erfasst. „Es ist durchaus nicht richtig, … dass alle Frauen von Natur aus dem Kriege abhold sind", hatte Bertha von Suttner kurz vor ihrem Tod im Juni 1914 erklärt. Durch ihren Antikriegsroman *Die Waffen nieder*, der zum Bestseller wurde, war sie zur berühmtesten Kriegsgegnerin und Initiatorin der ersten Friedensbewegung geworden. 1892 hatte die Österreicherin die „Deutsche Friedensgesellschaft" mitbegründet. Allerdings blieben Frauen wegen des Politikverbotes zunächst von einer Mitgliedschaft ausgeschlossen und hatten sich deshalb in parallelen Frauenvereinen gesammelt. 1905 war Bertha von Suttner als erste Frau mit dem von ihr initiierten Friedensnobelpreis ausgezeichnet worden. Engagement gegen den Krieg setzte nach Bertha von Suttner „die Kraft" voraus, „sich von dem Banne tausendjähriger Institutionen zu befreien und … dieselben zu bekämpfen".

Die meisten Frauen glaubten 1914 genauso wie die Männer den offiziellen Erklärungen, nach denen Deutschland gezwungen war sich zu wehren und der Krieg sich vor allem gegen das rückständige zaristische Russland richte. Helene Lange, die neben Gertrud Bäumer wichtigste Vertreterin der bürgerlichen Frauenbewegung, erklärte zum Krieg, „den wir alle von ganzem Herzen recht heißen, wenn er letzten Endes dem Frieden und der Kultur dient".

Wie schwer es war, sich der Kriegsstimmung zu entziehen, dokumentieren die Tagebucheintragungen der als Pazifistin bekannten Käthe Kollwitz. „Zum ersten Mal in meinem Leben empfand ich die absolute Gemeinsamkeit des Volkes und mich in sie eingeschlossen. Und dann die Gesichter der jungen Soldaten. Diese meine neue Einstellung dauerte eine längere Zeit an ..., allmählich trat wieder mehr hervor, was ich absolut verneinen musste." Käthe Kollwitz engagierte sich im Nationalen Frauendienst und beschreibt, wie isoliert Frauen wie z. B. Minna Cauer waren, die sich gegen eine Mitarbeit entschieden hatten. Nachdem der jüngste Sohn Peter im Oktober 1914 fiel, war Käthe Kollwitz hin und her gerissen. Sie fühlte sich an seinem Tod schuldig, weil sie dem Vater die Unterschrift für die freiwillige Meldung des Minderjährigen abgerungen hatte. Aber sie meinte, ihrem Sohn nicht posthum in den Rücken fallen zu dürfen. Dadurch hätten sein und ihr „Opfer" den Sinn verloren. Erst im letzten Kriegsjahr rief sie in einem offenen Brief mit dem Goethe-Zitat „Saatfrüchte dürfen nicht zermahlen werden" dazu auf, nicht noch mehr junge Männer auf die Schlachtfelder zu schicken.

Den Krieg 1914 sahen viele Frauen nicht nur als Chance, ihren Patriotismus unter Beweis zu stellen. Er eröffnete ihnen die Möglichkeit, an die Stelle der in den Krieg ziehenden Männer zu treten und ihre Fähigkeiten zu zeigen. Sie glaubten, dass ihnen dann all die Rechte, die ihnen bisher vorenthalten wurden, endlich zugestanden würden. Wirklich standen Frauen plötzlich alle Tätigkeiten offen, schwere Arbeiten, für die ihnen bisher angeblich die Körperkraft fehlte, ebenso wie leitende Funktionen, für die ihr Gehirn als zu klein galt. Während die klassischen Frauenarbeitsplätze in der Textil- und Konsumgüterbranche seit Kriegs-beginn abgebaut wurden, durften Frauen nun Granaten drehen, Schützengräben und U-Bahntunnel ausheben und vieles andere mehr.

Und der Juristin und engagierten Frauenrechtlerin Marie-Elisabeth Lüders wurde die Leitung der Frauenarbeitszentrale im Reichskriegsministerium übertragen.

Gemeinsam mit dem „Nationalen Frauendienst" sollte Marie-Elisabeth Lüders Frauen für die Rüstungsproduktion mobilisieren, damit Männer für den Kriegseinsatz frei wurden. Vergeblich protestierte sie dagegen, dass die Arbeitsschutzbestimmungen für Frauen für die Dauer des Krieges außer Kraft gesetzt wurden und die Arbeiterinnen, obwohl sie die gleiche Arbeit wie die Männer verrichteten, nur die Hälfte des Männerlohnes erhielten. Auch ihre Vorstellung, angesichts des dringenden Bedarfs an weiblichen Arbeitskräften die Einrichtung von Betriebsküchen und -kindergärten durchsetzen zu können, erwies sich als Illusion. Stattdessen wurde Lüders wegen ihrer Renitenz gekündigt und durch eine andere Frau ersetzt.

Marie Juchacz und Gertrud Hanna, die sich als Vertreterinnen der SPD- bzw. Gewerkschaftsfrauen am „Nationalen Frauendienst" beteiligten, erhofften sich Unterstützung für Arbeiterinnern und Arbeiterfamilien, die durch den Krieg in eine soziale Notlage gerieten. Viele Arbeiterinnen wurden durch die Umstrukturierung auf Kriegswirtschaft arbeitslos. Arbeiterfamilien verloren ihren Familienernährer, der an die Front geschickt wurde. Da Männer in der Regel doppelt soviel verdienten wie Frauen, konnten die Familien ohne den Männerlohn nicht existieren.

Tatsächlich war die Sozialarbeit eines der Hauptbetätigungsfelder des „Nationalen Frauendienstes". Auf den langjährigen Erfahrungen der Frauenbewegung aufbauend, organisierte er Suppenküchen, Lebensmittel- und Kleiderverteilungen, Mietzuschüsse, Arbeitsvermittlungen und andere soziale Dienste. Zwar gelang es den Frauen nicht, die sich mit der Kriegsdauer zuspitzende Versorgungslage zu kompensieren, doch sie milderten die Kriegsfolgen. Auch staatliche und kommunale Stellen, die in diesen Bereichen tätig waren, bedienten sich erstmals weiblicher Kräfte.

Gertrud Scholz wurde im damals noch eigenständigen Neukölln bei Berlin Leiterin des Lebensmittel- und Futtermittelwerkes. Damit war die Sozialdemokratin für die staatlich gelenkte Warenverteilung für rund 300.000 Neuköllnerinnen und Neuköllner zuständig. Die von ihrer Herkunft her einfache Arbeiterin verdankte ihren außergewöhnlichen Aufstieg der Korruption ihrer männlichen Vorgänger, die sie selbst entlarvt hatte. Seit Mai 1917 war Gertrud Scholz außerdem Deputierte mit Stimmrecht in der Kriegsnotstandskommission von Neukölln. Jeweils zwei Frauen waren in die Ausschüsse für die Volksbibliothek, das Armenwesen, das Turn- und Bäderwesen, die Gesundheitskommission und alle Sonderkriegsausschüsse gewählt worden.

Dass Frauen es dem Krieg zu verdanken hätten, dass ihnen als praktische Expertinnen auf den Gebieten Soziales, Erziehung etc. auch erstmals ein politisches Mitspracherecht in kommunalen Gremien eingeräumt worden sei, stimmt nicht. Das Großherzogtum Baden hatte bereits 1910 die Beteiligung von Frauen an kommunalen Deputationen eingeführt, Hessen war ein Jahr später gefolgt. Und in Preußen gab es ebenfalls bereits vor 1914 weibliche Kommissionsmitglieder auch ohne Änderung der formellen Bestimmungen. Richtig ist, dass die Zahl der Frauen in solchen Funktionen während des Krieges ständig wuchs.

Das allgemeine Wahlrecht blieb den Frauen allerdings weiter verwehrt. Bis zum Kriegsende änderte sich nichts an der ablehnenden Haltung der bürgerlichen Parteien. Nur die SPD sprach sich für das Wahlrecht der Frauen aus. Auch der im Oktober 1918 an den Reichskanzler Max von Baden gerichtete gemeinsame Appell der bürgerlichen und sozialdemokratischen Frauenbewegung änderte daran nichts. Während die Unterschriften der aus der SPD ausgeschlossenen

Kriegsgegnerinnen Clara Zetkin und Luise Zietz fehlten, hatten die radikalen Pazifistinnen Minna Cauer, Lida Gustava Heymann und Anita Augspurg unterschrieben.

Lida Gustava Heymann hielt Krieg für patriarchal und glaubte an das friedliche Wesen der Frauen. Allerdings müssten sich die Frauen in den „modernen Männerstaaten ... dem männlichen Prinzip unterordnen, es zwangsweise anerkennen, sie wurden vergewaltigt". Da der weibliche Friedenswille erst zum Tragen kommen könne, wenn die Frauen an politischen Entscheidungen mitwirken durften, war für sie die Durchsetzung des Frauenwahlrechts der wichtigste Schritt im Kampf gegen den Krieg.

Bis heute gehört die Forderung nach der „gleichberechtigten Beteiligung von Frauen im politischen, wirtschaftlichen und gesellschaftlichen Bereich" zu den zentralen Forderungen der „Internationalen Frauenliga für Frieden und Freiheit", die im Mai 1915 unter Mitwirkung von Lida Gustava Heymann und Anita Augspurg in Den Haag von Frauen aus 12 Ländern gegründet wurde. Mehr als tausend Frauen waren zusammengekommen, um den Ersten Weltkrieg möglichst schnell zu beenden. Frauendelegationen wurden zu den Krieg führenden Mächten gesandt, um diese zu Friedensverhandlungen zu bewegen. Eine davon reiste auch in die USA, die damals noch nicht in den Krieg involviert war, um die US-Regierung als Friedensvermittlerin zu gewinnen. Vieles aus dem 14-Punkte-Programm, das US-Präsident Wilson im Januar 1918 verkündete, wie zum Beispiel das Selbstbestimmungsrecht der Völker und einen Völkerbund als internationales Schiedsgericht, hatten die Frauen bereits 1915 in Den Haag vorgeschlagen. In Deutschland konnte die IFFF erst ab 1919 offiziell tätig werden. Während des Krieges waren alle Antikriegsaktivitäten illegal.

Den Mut, trotzdem öffentlich gegen den Krieg zu protestieren, hatten nur die Kriegsgegnerinnen aus der proletarischen Frauenbewegung. Obwohl alle Demonstrationen verboten waren, versammelten sich in Berlin am 18. März 1915, dem Tag, an dem in Deutschland damals der „Internationale Frauentag" begangen wurde, mehr als tausend Sozialdemokratinnen vor dem Reichstag. Lautstark verlangten sie ein „Nein" von den Abgeordneten, die an diesem Tag über die Bewilligung weiterer Kriegskredite abstimmen sollten.

Der völlig überraschten Polizei gelang es erst nach einer halben Stunde, die Frauen durch berittene Einheiten mit gezogenem Säbel auseinander zu treiben. Doch die sammelten sich kurz darauf am Brandenburger Tor wieder, um ihren Protest gegen den Krieg nun Unter den Linden kundzutun. Auch hier dauerte es einige Zeit, bis die Polizei den Marsch auflösen konnte. Doch die Frauen führten die Polizei weiter an der Nase herum. Sie sammelten sich auf dem Alexanderplatz und schließlich auf dem Friedhof der Märzgefallenen im Volkspark Friedrichshain, wo sie zwar nur noch wenig öffentliches Aufsehen erregten, die berittenen Polizisten ihnen aber auch nicht folgen konnten.

Vom 26. bis 28. März 1915 tagte die Internationale Sozialistische Frauenkonferenz in Bern. Organisiert hatte dieses Treffen deren geschäftsführende Sekretärin Clara Zetkin. Während die II. Sozialistische Internationale am Kriegsausbruch zerbrach und es in keinem ihrer Mitgliedsländer zu dem beschlossenen Generalstreik kam, riefen die Sozialistinnen zur Fortsetzung des Kampfes gegen den Krieg auf. Weder die staatlichen Repressalien noch die SPD-Parteivorstände, in denen die Kriegsbefürworter die Mehrheit hatten, konnten verhindern, dass die Frauen auch in Deutschland das beschlossene Antikriegsflugblatt hunderttausendfach verteilten.

Ab Herbst 1915 kam es immer häufiger zu spontanen Antikriegsprotesten, die im Wesentlichen von Frauen ausgingen, von ihnen getragen und organisiert wurden. Auslöser und Anlass waren in der Regel die gravierenden Versorgungsprobleme.

Am 16. Oktober 1915 berichtete der Polizeipräsident von Berlin-Lichtenberg dem Berliner Polizeipräsidenten von mehreren Aktionen gegen Buttergeschäfte am Boxhagener Platz und Umgegend, bei denen zahlreiche Schaufenster eingeworfen worden sein sollen. Er sprach von mehr als tausend Beteiligten: „Nach den Feststellungen waren die treibende Kraft bei diesen Ausschreitungen neben aufgeregten und schlecht gesinnten älteren Frauenspersonen im wesentlichen junge Burschen mit jugendlichen Frauenzimmern." Die Butterkrawalle hielten mehrere Tage an und führten zum Vorgehen der Behörden gegen Wucherpreise.

Am 20. Mai 1916 bildete sich vor dem Warenhaus Tietz am Berliner Alexanderplatz eine Schlange mit Tausenden von Menschen. Als die Polizei versuchte, die Versammlung aufgrund des Demonstrationsverbotes aufzulösen, gaben die Frauen an, nach Schmalz anzustehen. In anderen Orten wurden ähnliche Aktionen durchgeführt. Auch 1917 kam es immer wieder zu so genannten Lebensmittelunruhen und, als zum 1. April die Brotrationen erneut gekürzt wurden, zu den ersten Streiks.

„Gestern war eine größere Familienbesprechung zusammen mit Onkel Franz [Mehring] und Karl [Liebknecht]. Es handelt sich um den Nachlass von Tante Rosa [Luxemburg]", hatte im Januar 1916 Käte Duncker ihrem zum Kriegsdienst eingezogenen Mann in verschlüsselter Form vom illegalen Gründungstreffen der „Gruppe Internationale" berichtet. „Da waren natürlich auch die Verwandten aus den übrigen Orten gekommen, aus Stuttgart, Frankfurt, Leipzig, Chemnitz, Jena, Erfurt, Braunschweig, Düsseldorf ... Wir einigten uns auf Tante Rosas Testament". Rosa Luxemburg hatte das Programm der SPD-Kriegsgegner, die unter dem Namen „Spartakusbund" bekannt wurden, aus dem Ende

1918 die KPD hervorging, im Gefängnis geschrieben und Mathilde Jacob, ihre Sekretärin und Freundin, hatte es herausgeschmuggelt.

Während die männlichen Kriegsgegner zum Fronteinsatz abkommandiert wurden, hielten die Frauen trotz aller Schikanen, denen auch sie ausgesetzt waren, das Antikriegsengagement aufrecht. Käte Duncker wurde polizeilich überwacht, alle ihre Briefe wurden kontrolliert und immer wieder Hausdurchsuchungen in ihrer Wohnung durchgeführt. Als „begeisterte Anhängerin der radikalen Opposition", die „ihre agitatorische Fähigkeit ganz in den Dienst der Bekämpfung der militaristischen Jugenderziehung gestellt" hatte, erhielt Käte Duncker im Mai 1916 Redeverbot. Nachdem sie dennoch im September 1916 auf der Reichskonferenz der SPD als Vertreterin der „Gruppe Internationale" aufgetreten war, wurde ihr die finanzielle Unterstützung entzogen, die die „Kriegerfrauen" erhielten. Damit war sie gezwungen, den Lebensunterhalt für sich und ihre drei Kinder zu verdienen. Doch vergeblich hofften die Kriegstreiber, ihr würde nun keine Zeit mehr für Politik bleiben. Erst als die Männer von der Front zurückgekehrt waren, verschwanden Frauen wie Käte Duncker wieder in der zweiten Reihe.

Als größter Streik gegen den Krieg ist der Berliner „Munitionsarbeiterstreik" im Januar 1918 in die Geschichte eingegangen. 400.000 Beschäftigte aus der Rüstungsindustrie streikten eine Woche lang, die meisten davon Arbeiterinnen. Im Streikausschuss, dem so namhafte Politiker wie Friedrich Ebert und Philipp Scheidmann angehörten, waren sie nur mit einer Vertreterin repräsentiert, die in der Liste der Polizei als „unbekannte Weibsperson" aufgeführt wurde. Cläre Casper gehörte zu den „Revolutionären Obleuten" der Kriegsopposition in den Gewerkschaften.

Als die „Revolutionären Obleute" nach dem blutigen Niederschlagen des Streiks beschlossen, sich für zukünftige

Auseinandersetzungen zu bewaffnen, stellte Cläre Casper ihre Wohnung als Anlaufstelle für Waffentransporte zur Verfügung. Als bei der Polizei eine anonyme Anzeige einging, in der behauptet wurde, dass sie „Kisten mit Dynamit" bei sich verstecke, gelang es ihr, der Polizei glaubhaft zu versichern: „Als Frau habe ich viel zu viel Angst, mich mit so gefährlichen Sachen einzulassen." Auch dieses Mal hatte die Polizei sie unterschätzt.

„Steh' auf Arthur, heute ist Revolution!" Mit diesen Worten weckte Cläre Casper am 9. November 1918 Arthur Schöttler. „Schon zur ersten Schicht standen wir beide vor der Waffenfabrik und verteilten unsere Flugblätter, in denen die Arbeiter aufgefordert wurden, um neun Uhr die Betriebe zu verlassen ... Ohne auf Widerstand zu stoßen, marschierte unser Zug die Kaiserin-Augusta-Allee entlang zur Schlossbrücke. Entwaffnet und besetzt wurden ohne einen Schuss die Polizeiwache, die Gaswerke, alle Betriebe, die Lazarett- und Schlosswache, das Rathaus Charlottenburg und die Technische Hochschule. Unser Zug zählte längst Tausende von Menschen und endete gegen Mittag am Reichstag, wo wir mit anderen Zügen zusammentrafen."

Fortan setzte Cläre Casper ihr Engagement im Berliner Arbeiter- und Soldatenrat fort. Räte nannten sich die neuen Gremien der Revolution. Weibliche Mitglieder waren selten, obwohl es der „Rat der Volksbeauftragten" war, der am 12. November das Frauenwahlrecht einführte. Als dann am 16. Dezember 1918 der Reichsrätekongress in Berlin zusammentrat, um über das weitere politische Vorgehen zu beraten, da gab es unter den 492 Delegierten nur zwei Frauen: Käthe Leu aus Danzig und Klara Noack aus Dresden. Auf ihren Antrag hin wurde beschlossen, dass Frauen gleichberechtigt seien. Ein konkretes frauenpolitisches Programm wurde nicht entwickelt. Da die Revolution vom Militär ausgegangen war und bewaffnete Auseinandersetzungen auch in der folgenden Zeit eine große Rolle spielten, dominierte das Militärisch-Männliche.

Um den Frauen mehr Einfluss in den Räten zu verschaffen, schlug Clara Zetkin im Frühjahr 1919 die Bildung von Hausfrauenräten vor. Und Toni Sender forderte im Herbst des gleichen Jahres die Quotierung der Räte. Doch zu dieser Zeit hatten sich die Räte längst überlebt. Bereits mit den Wahlen zur Nationalversammlung am 19. Januar 1919 war die Rückkehr zum parlamentarischen System erfolgt. Als sich der Vollzugsrat der Berliner Arbeiter- und Soldatenräte Ende 1919 auch formell auflöste, stellte er Cläre Casper ein Zeugnis aus: „Sie hat die ihr übertragenen Arbeiten zur vollen Zufriedenheit ausgeführt. Ihren Dienst verlässt sie infolge einer Umstellung unseres Geschäftsbetriebes."

„Deutsche Frauen jubelt, ihr habt Anlaß dazu" –

Die Weimarer Republik

„Alle Wahlen zu öffentlichen Körperschaften sind fortan nach dem gleichen, geheimen, direkten, allgemeinen Wahlrecht aufgrund des proportionalen Wahlsystems für alle mindestens 20 Jahre alten männlichen und weiblichen Personen zu vollziehen."

Mit diesem Beschluss des obersten Revolutionsgremiums, des „Rates der Volksbeauftragten", vom 12. November 1918 erhielten die Frauen in Deutschland drei Tage, nachdem der Kaiser hatte abdanken müssen und die Republik ausgerufen worden war, das Wahlrecht.

„Deutsche Frauen jubelt, ihr habt Anlaß dazu!", freute sich Clara Bohm-Schuch in der *Gleichheit* über die Einführung des Frauenwahlrechts. Sie war die neue Chefredakteurin der sozialdemokratischen Frauenzeitung, nachdem der Parteivorstand Clara Zetkin wegen ihrer Antikriegshaltung 1917 abgesetzt hatte. Doch das neue Recht der Frauen rief keineswegs bei allen Frauen Begeisterungsstürme hervor. Konservative und konfessionelle Frauenorganisationen hatten die Forderung nach dem Frauenwahlrecht bis zum Schluss abgelehnt. Nun beugten sie sich notgedrungen den neuen Realitäten.

Der Evangelische Frauenbund, der erst wenige Wochen vorher wegen der Forderung nach dem Frauenwahlrecht aus dem „Bund deutscher Frauenvereine" ausgetreten war, erklärte: „In der Überzeugung, dass auch die Frauen sich ihrer Zeit anpassen müssen, trägt der Deutsch-Evangelische Frauenbund den veränderten Verhältnissen Rechnung. Er stellt sich auf den Boden der bestehenden Tatsachen und wird seinen Teil mitarbeiten, um Ruhe und Ordnung aufrecht zu erhalten. Er sucht die Frauen über die ihnen zugewiesene Wahlpflicht aufzuklären und sie auf dieselbe vorzubereiten." Auch wer gegen das Frauenwahlrecht war, kämpfte nun um jede weibliche Stimme. Die Frauenstimmen sollten nicht dem politischen Gegner zugute kommen.

Befürchtet wurde, dass die Frauen die Arbeiterparteien wählen würden, denen sie ihr neues Recht zu verdanken hatten. Deshalb bildeten die gemäßigten bürgerlichen Frauen über die Parteigrenzen hinweg Frauenwahlausschüsse. Gemeinsam klärten sie die Frauen über ihr neues Recht auf und mobilisierten zur Wahl der bürgerlichen Parteien. „Frauen, werbt und wählt, jede Stimme zählt! Jede Stimme wiegt, Frauenwille siegt!", dichtete Elly Heuss-Knapp, die im „Großberliner Wahlausschuss" für die Wahlkampfslogans zuständig war.

Der „Wahlwerbeausschuss Hamburgischer Frauenvereine" verkündete auf Flugblättern: „Sagt es der Hausfrau in Stadt und Land, das sie die Ordnung im Staate neu zu gründen hat, wie sie die Ordnung im Hause täglich neu schafft ... Die Männer hatten den Staat gebaut, die Frauen haben das Heim geschaffen. Nun soll der Staat ein friedliches Heim werden. Deshalb müssen beide am deutschen Volksstaat bauen, Männer und Frauen."

Warum aber traten die bürgerlichen Frauen nun in die Parteien ein, die es bisher abgelehnt hatten, Frauen zu organisieren? Es hatte zwar eine Revolution stattgefunden, aber die Parteien und Politiker der Weimarer Republik stammten aus dem Kaiserreich, auch wenn manche Partei sich einen neuen Namen gab. Anita Augspurg kommentierte das treffend: „Dieselben altersschwachen Greise, dieselben Parteigötzen, die seit Jahrzehnten zu jedem Kuhhandel, zu jeder Konzession bereit waren, die sich von der verflossenen preußisch-monarchistischen, militärischen Regierung so schmachvoll hatten betrügen lassen ... diese Männer ziehen wieder in die

Nationalversammlung ein." Was konnten die Frauen da erwarten?

Und warum splitteten sich die Protagonistinnen der bürgerlichen Frauenbewegung auf die verschiedenen bürgerlichen Parteien auf, statt eine eigene Frauenliste aufzustellen? „Es hätte dem Gefühl vieler Frauen entsprochen, wenn wir uns als Frauenschaft zusammengeschlossen und als solche Kandidaten aufgestellt hätten, damit für uns die Schablone des Parteienstaates sprengend", schreibt Gertrud Bäumer in ihren Lebenserinnerungen. „Im Wahlkampf für die Nationalversammlung ging es um Gegensätze, die unter sich zu überwinden auch für die Frauen nicht möglich war … Wir hatten ja im Bunde Deutscher Frauenvereine … gespürt, wie schwer es war, selbst in einem unpolitischen Verbande … die Spannungen zu überwinden … Jetzt standen auch die Frauen, mindestens alle, von denen in irgendeinem Sinne Führung und Maßgeblichkeit ausging, mit ganzer Seele in den Fronten, zwischen denen um die deutsche Zukunft gerungen wurde."

Graueninteressen im engeren Sinne spielten im Wahlkampf eine geringe Rolle. „Mütter wählt, damit eure Kinder Brot haben! Ehefrauen wählt, damit eure Männer Arbeit haben! Berufsfrauen wählt, damit eure Rechte vertreten werden!", hieß es im Wahlaufruf des „Großberliner Frauenwahlausschusses", der auch deutlich zeigt, wie wenig das traditionelle Frauenbild infrage gestellt wurde. Sie appellierten an die Frauen, daran mitzuwirken, dass der Staat „ein Heim werde voller Licht und Wärme, in dem Freiheit und Gerechtigkeit, Gesundheit und Schönheit eine Stätte haben". Dies entsprach der Rolle, die die Parteien ihren Kandidatinnen zuwiesen.

In der Weimarer Republik gab es keine Persönlichkeitswahl. Es wurde ausschließlich nach Parteilisten gewählt. Die Wahlkreise waren so eingeteilt, dass ihnen mehrere Parlamentsmandate zustanden. Prinzipiell war dieses Verhältniswahlrecht für die Frauen sicherlich günstiger, als es Einzelwahlen gewesen wären. Wenn eine Partei nur eine Person hätte nominieren können, dann wäre dies aufgrund der weiter bestehenden Dominanz der Männer in der Regel ein männlicher Kandidat gewesen. Aber auch das Listenwahlsystem garantierte nicht, dass Frauen unter dem Gesichtspunkt der Gleichberechtigung, wenn schon nicht der erste, so doch wenigstens der zweite Listenplatz zugestanden wurde.

Die Frauen wurden nicht als die Hälfte der Bevölkerung betrachtet, sondern als eine gesellschaftliche Gruppe unter vielen, die innerhalb einer Partei um die Listenplätze konkurrierten. Die Frauen mussten gegen Handwerker, Mittelständler, Gewerkschafter etc. antreten. Auch die Berücksichtigung unterschiedlicher politischer Gruppierungen innerhalb einer Partei sowie die Repräsentanz einzelner Regionen innerhalb der großen Wahlkreise bei der Verteilung der Listenplätze wirkten sich zuungunsten der Frauen aus. Sie hatten nur in einem Bereich eine Chance: Sie durften die Hausfrauen präsentieren. Hausfrau lautet der häufigste Eintrag in den Parlamentshandbüchern bei den ersten weiblichen Abgeordneten.

Dass Kandidatinnen vielfach nur eine Alibifunktion gegenüber den Wählerinnen und den Frauen in den eigenen Reihen erfüllten, zeigen nicht nur ihre hinteren Listenplätze. Immer wieder wurde auch dieselbe Kandidatin in mehreren Wahlkreisen nominiert. Das gab es zwar auch bei männlichen Kandidaten. Da wurde es aber vor allem bei namhaften Spitzenpolitikern praktiziert, die als Zugpferd einer Partei eingesetzt wurden. Durch die zweifache Wahl von Gertrud Bäumer bei den Wahlen im Januar 1919 ging ein Sitz für die Frauen in der Nationalversammlung verloren. Umgekehrt waren Marie-Elisabeth Lüders Chancen durch ihre dreifache Kandidatur keineswegs größer, erst als Nachrückerin kam sie im August 1919 zum Zuge. Der Wackelplatz, der nur mit viel Glück noch ein Mandat bringen würde, wurde gern mit einer Frau besetzt. Sollten dadurch die Frauen dazu gebracht werden, sich im Wahlkampf besonders anzustrengen, um ihre Kandidatin doch noch ins Parlament zu bringen?

Als am 19. Januar 1919 die Nationalversammlung gewählt wurde, war die Wahlbeteiligung der Frauen hoch. Fast neunzig Prozent machten von ihrem neuen Recht Gebrauch. 36 Frauen wurden gewählt. Durch Nachrückerinnen stieg ihre Zahl im Laufe der Legislaturperiode auf insgesamt 41. Ihr Anteil machte 9,6 % aus. Überproportional vertreten waren sie in den beiden sozialdemokratischen Parteien USPD und MSPD, die zusammen mit 25 weiblichen Abgeordneten weit mehr als die Hälfte der Parlamentarierinnen stellten. Waren Frauen in den bürgerlichen Fraktionen nur unterdurchschnittlich repräsentiert, war es bei den Parlamentsauftritten genau umgekehrt.

Während im Parlament von den 16 bürgerlichen Mandatsträgerinnen bis auf zwei alle mindestens einmal zu Wort kamen, blieben bei der SPD neun, also fast die Hälfte ihrer 21 weiblichen Abgeordneten, während der gesamten Legislaturperiode bis Anfang 1920 stumm. Dass dies in der Regel nicht freiwillig geschah oder etwa, weil die Frauen nichts zu sagen gehabt hätten, belegt die Überlieferung, dass die sechs Frauen der Zentrumsfraktion geschlossen auszogen, als der Fraktionsvorsitzende eine ihrer Parteikolleginnen nicht reden lassen wollte.

Marie Juchacz, die führende Sozialdemokratin, durfte am 19. Februar als erste Frau im Parlament das Wort ergreifen. Als Reaktion auf ihre Anrede „Meine Damen und Herren!" vermerkt das Protokoll „Heiterkeit". Auch sprachlich mussten die Parlamentarierinnen erst um ihre Anerkennung ringen. Es bürgerte sich ein, an das bisher übliche „Meine Herren!" ein „... und Damen!" anzuhängen.

„Ich möchte hier feststellen, und zwar ganz objektiv, dass es die Revolution gewesen ist, die auch in Deutschland die alten Vorurteile überwunden hat", erklärte Marie Juchacz in ihrer Rede. „Durch die politische Gleichberechtigung ist nun meinem Geschlecht die Möglichkeit zur vollen Entfaltung seiner Kräfte gegeben."

Ein Tag nach Marie Juchacz sprach als zweite Frau Luise Zietz. Sie spielte eine führende Rolle in der USPD und war mit 48 Auftritten die weibliche Abgeordnete mit den meisten Parlamentsbeiträgen. Sie habe von der Natur eine „übergroße Menge männlicher Moleküle" mitbekommen, schrieb die bürgerliche Presse über sie. Bis heute wird durchsetzungsstarken und profilierten Politikerinnen ihre Weiblichkeit abgesprochen.

In ihrer ersten Rede protestierte Luise Zietz gegen ein sich damals bereits abzeichnendes Dilemma: „Bisher fassten Sozialdemokraten die staatsbürgerliche Gleichberechtigung der Frau nicht so auf, dass bestimmte Gebiete des öffentlichen Lebens für die Beschäftigung der Frau abgetrennt und ihr zugewiesen würden ..." Die Parlamentarierinnen durften sich um den Bereich Soziales kümmern, der überhaupt erst mit den Frauen in die staatliche Politik Einzug hielt. Darüber hinaus hatten sie wenig zu melden.

Konkret spielte Luise Zietz in ihrer Rede auf die Rolle ihrer Vorrednerin an. Marie Juchacz, die Nachfolgerin von Luise Zietz als Vertreterin der Frauen im SPD-Parteivorstand, organisierte in dessen Auftrag die Gründung der Arbeiterwohlfahrt, die zum Hauptbetätigungsfeld der SPD-Frauen wurde. Die Vertreterinnen der Frauen in den Parteivorständen waren nun in der Regel die lokalen AWO-Vorsitzenden. Mehr und mehr wurde Frauenpolitik und AWO gleichgesetzt, von einer eigenständigen Frauenarbeit in der SPD konnte immer weniger die Rede sein. Durch die Kanalisierung des Frauenengagements auf die AWO verhinderte die SPD, dass die Sozialdemokratinnen sich in andere Politikfelder einmischten oder gar eine gleichberechtigte Mitwirkung einforderten. Die „große Politik" blieb den Männern vorbehalten, während sich Genossinnen wie bürgerliche Frauen in Volksküchen, Säuglingsheimen, Jugendgerichtshilfe, Ferienspiele, Tuberkulosefürsorge etc. engagierten.

Hatte die SPD bisher Sozialpolitik als staatliche Aufgabe angesehen und nur bis zu deren Durchsetzung in Gewerkschaften und Genossenschaften Selbsthilfe organisiert, erkannte die SPD mit der Gründung einer eigenen Sozialorganisation das von den Kirchen und bürgerlicher Frauenbewegung vertretene Subsidiaritätsprinzip an. Konfessionellen und bürgerlichen Frauenverbänden ging es dabei vor allem darum, den Einfluss, den sie in diesem gesellschaftlichen Bereich erlangt hatten, weil sich bisher niemand anders darum gekümmert hatte, nicht zu verlieren. Und die SPD, die eine Verstaatlichung nicht durchsetzen konnte, wollte dieses Feld wenigstens nicht ganz den anderen überlassen. Auch wenn die AWO für die SPD deshalb politisch durchaus von Interesse war, wurde die Tätigkeit für sie nicht als politische Arbeit anerkannt, und die Genossinnen, die dort tätig waren, konnten sich nur bedingt damit politisch profilieren, das heißt, für die sozialpolitischen Fragen im Parlament.

Die Hauptaufgabe des im Januar 1919 gewählten Parlaments war die Erarbeitung einer Verfassung. Zur Gleichberechtigung war in Artikel 109 folgende Formulierung vorgesehen: „Alle Deutschen sind vor dem Gesetz gleich. Männer und Frauen haben die gleichen Rechte und Pflichten." Doch der Verfassungsausschuss fügte in seinen Beratungen das Wörtchen „grundsätzlich" ein. Der Antrag von Luise Zietz, dies wieder zu streichen, wurde im Plenum mit 149 Stimmen gegen 119 abgelehnt.

Das sehr unterschiedliche Abstimmungsverhalten der weiblichen Abgeordneten in dieser Grundsatzfrage war symptomatisch dafür, dass es auch in Zukunft nur äußerst selten zu gemeinsamen parlamentarischen Auftritten zur Durchsetzung von Fraueninteressen kommen sollte. Nach Gertrud

Bäumer, einer der ersten Parlamentarierinnen, scheiterte ein „interfraktioneller Frauenausschuss" daran, dass die Frauen als Parlamentsneulinge die Fraktionszwänge besonders ernst nahmen. Aber auch divergierende frauenpolitische Positionen spielten eine nicht zu unterschätzende Rolle. Vertreterinnen der bürgerlichen Frauenbewegung wollten mit der Formulierung, „Männer und Frauen haben grundsätzlich die gleichen Rechte und Pflichten", die Verschiedenheit der Geschlechter gewahrt sehen. Die Streichung betrachteten sie als „Gleichmacherei".

Den Antrag von Luise Zietz unterstützten alle drei USPD-Frauen, aber nur 16 MSPD-Parlamentarierinnen. Clara Bohm-Schuch hatte sich krank gemeldet, drei weitere Sozialdemokratinnen nahmen nicht an der Abstimmung teil. Offensichtlich wollten sie nicht gegen den Fraktionsbeschluss verstoßen. Für Marie Baum, Fraktionsmitglied der Deutschdemokratischen Partei, die ebenso wie eine weitere DDP-Frau der Abstimmung fern blieb, ist dies überliefert. Während die Mehrheit dieser bürgerlich-liberalen Partei für die Beibehaltung von „grundsätzlich" eintrat, war die Mehrheit ihrer weiblichen Mandatsträgerinnen dagegen. Zwei DDP-Frauen stimmten offen für den Antrag von Luise Zietz und damit gegen ihre Fraktion. Auch zwei Vertreterinnen der konservativen DNVP und die einzige Frau der bürgerlichen DVP entschieden sich im Konflikt zwischen eigener Auffassung und Fraktionszwang für Nichtteilnahme. Für „grundsätzlich" stimmten alle fünf anwesenden Parlamentarierinnen der katholischen Zentrumspartei, darunter auch Helene Weber, die sechste, Hedwig Dransfeld, die führende Frau der Katholischen Frauenbewegung, war „wegen Krankheit entschuldigt".

Das Wörtchen „grundsätzlich" hatte schwerwiegende Folgen. Bisherige Diskriminierungen von Frauen – zu denen neue hinzukamen – wurden als „Ausnahmen" legitimiert. Es machte die Gleichberechtigung der Frauen in der Weimarer

Republik zum „Kautschukparagraphen", wie es die Sozialde-mokratin Adele Krieger-Schreiber formulierte: „Unsere Ge-schichte gibt uns das Recht und die Pflicht zu misstrauen …"

Gerade im Jahr 1919 hatten die Frauen erleben müs-sen, wie sie aufgrund der Demobilmachungsverordnung die Positionen und Arbeitsplätze, die sie während des Krieges eingenommen hatten, wieder räumen mussten. Da dies an-geblich zugunsten der zurückkehrenden Soldaten geschah, waren die Proteste gering. Wieder einmal wurden Frauenin-teressen den vermeintlichen vaterländischen Erfordernissen untergeordnet. Die Frauen blieben die zivile Reservearmee, die nach den Bedürfnissen des Arbeitsmarktes vom Heim in den Betrieb oder wieder zurück geschickt wurde. Dass die Frauen während des Krieges „ihren Mann" gestanden und ihre geistigen und körperlichen Fähigkeiten unter Beweis gestellt hatten, spielte keine Rolle.

Mit der Bestimmung zu den so genannten „Doppel-verdienern" tat sich dabei der Staat besonders hervor. Sie ermöglichte allen öffentlichen Institutionen, verheirateten Frauen jederzeit fristlos zu kündigen. Doch diese bekamen auch damals keineswegs Lohn für Hausarbeit, wie es der Aus-druck „Doppelverdiener" suggeriert. Die Doppelverdiener waren vielmehr die Ehemänner. Nach dem Bürgerlichen Gesetzbuch gehörte ihnen das Erwerbseinkommen ihrer Ehefrauen. Nur wenn die verheiratete Frau nachweisen konn-te, dass ihr Ehemann auf ihr Einkommen angewiesen war, weil er die Familie nicht allein ernähren konnte, hatte sie eine Chance, ihre Entlassung abzuwenden.

Auch diese Regelung wurde weder von der bürger-lichen noch der proletarischen Frauenbewegung offen ange-griffen. Grundsätzlich war auch sie der Auffassung, dass die natürliche Bestimmung der Frauen Mutterschaft und damit Familie und Haushalt seien. Und aus pragmatischen Gründen sahen es Vertreterinnen der Arbeiterinnenbewegung als weniger schlimm an, wenn Frauen statt Männer entlassen wurden, weil die Männer mit ihren höheren Einkommen die Hauptfamilienernährer waren. Deren bessere Entlohnung wurde wiederum traditionell damit begründet, dass Männer Familien zu ernähren hätten, während Frauen nur „dazuverdienen" würden.

So wie die Benachteiligung der Frauen im Erwerbsleben fortgesetzt wurde, konnte auch in der Politik nicht wirklich von Partizipation die Rede sein. Blieb der Anteil der weiblichen Abgeordneten bei den ersten Wahlen unter zehn Prozent, ging er bei den nächsten Wahlen kontinuierlich weiter zurück. Dies ist nicht nur für den Reichstag, sondern auch die Landesparlamente und die Kommunalvertretungskörperschaften festzustellen. Frauenpolitik und Wählerinnen spielten für die Parteien eine immer geringere Rolle. Feministinnen und als renitent angesehene Frauen scheiterten am Nominierungsrecht der Parteien und der dortigen Männermehrheiten. Frauen verzichteten auf ihre Wiederwahl oder traten zurück, weil die parlamentarische Arbeit sie enttäuschte.

Der spektakulärste Rückzug war der der DVP-Reichstagsabgeordneten Katharina von Oheimb. Mit ihrer Ankündigung im Februar 1924, bei den anstehenden Neuwahlen zum Reichstag nicht mehr zu kandidieren, kam sie letztendlich nur ihrer Nichtaufstellung zuvor. Vier Jahre lang hatten ihre von der DVP abweichenden Positionen die politisch interessierte Öffentlichkeit in Atem gehalten. „Man freute sich an diesen kleinen Kraterausbrüchen, an dem polemischen Schwefelregen und an dem schlagenden Witz, mit dem sie, an rechter Stelle und zur rechten Zeit, den Gegner abfertigte", hieß es in der „Weltbühne". Alle Versuche ihrer Partei und Fraktion, die versierte Unternehmerin, die durch ihren Salon und ihre „Goslarer Kurse" über hervorragende Beziehungen zu Politikern und zu Zeitungen aller Richtungen verfügte, waren gescheitert. „Unterrockspolitik" hatte die konservative Presse der DVP vorgeworfen, und die linken Zeitungen hatten gekontert: „Katinka hat die Hosen an". Beinahe wäre sie 1923 sogar an ihrem politischen Ziehvater vorbei, dem Gründer und Vorsitzenden der Deutschen Volkspartei, Gustav Stresemann, der Katharina von Oheimb Ende 1918 auf der Suche nach Kandidatinnen entdeckt und für die DVP gewonnen hatte, ins Reichskanzleramt eingezogen.

Selbst diese renommierte Politikerin war zunächst nur an ihren Äußerlichkeiten gemessen worden. „Sie ist kein Blaustrumpf, trägt keine Brille und keine schlechten Schuhe, deren Absätze schief getreten sind", hatte die Presse bei ihrem Einzug als Abgeordnete in den Reichstag 1920 geschrieben. Wie angekündigt, gab Katharina von Oheimb ihr politisches Wirken mit ihrem Rückzug aus dem Reichstag und der DVP nicht auf. Sie baute ihren politischen Salon aus, wo nach Pressekommentaren die neuen Regierungen ausgehandelt wurden, wenn es wieder einmal eine der in der Weimarer Republik nicht seltenen Regierungskrisen gab. „Katinka zieht die Reichstagsfäden" lauteten die Überschriften in der Presse.

Bis zur ersten deutschen Kanzlerin sollte es noch mehr als achtzig Jahre dauern. Auch Ministerinnen gab es in der Weimarer Republik noch nicht. Der gesamte Staatsapparat blieb fest in der Hand der männlichen Beamten, die ebenso die politische Entwicklung als auch die praktische Umsetzung von Politik entscheidend beeinflussten. Die wenigen Frauen fanden sich überwiegend in untergeordneten Funktionen im kommunalen öffentlichen Dienst und in Randbereichen wie z. B. die Schulfürsorgerinnen.

Das höchste Amt innerhalb der Exekutive hatte Gertrud Bäumer inne. Sie wurde 1920 zur Ministerialrätin im Reichsinnenministerium ernannt und leitete die Referate für Jugendwohlfahrt und Schulwesen. Auf welche Schwierigkeiten Frauen in solchen Positionen bei der männlichen

Beamtenhierarchie stießen, ist im Fall von Cora Berliner überliefert, die verschiedene Führungsämter im Reichswirtschaftministerium ausübte. „Vorurteile der älteren und höheren und vor allem der mittleren Beamten standen ihr entgegen", hielt der ihr wohlgesonnene Vorgesetzte fest. „Für einen Geheimen Kanzleirat, der noch dazu Major der Landwehr war, erschien es als eine Unmöglichkeit, unter einer 29-jährigen Referentin zu arbeiten. Ich entsinne mich noch des grauhaarigen Mannes, der mit Tränen im Auge erklärte, dass er Frl. Dr. Berliner sehr hoch einschätze, aber um eine Versetzung in eine andere Abteilung bitten müsse, da unter einer jungen weiblichen Vorgesetzten seine Autorität als Ehemann und Vater völlig zu Bruch gehen würde."

Beide Frauen wurden aufgrund ihrer überzeugenden Fähigkeiten und Leistungen auch aufs internationale politische Parkett entsandt. Gertrud Bäumer war von 1926 bis 1933 Delegierte der Reichsregierung beim Völkerbund in Genf. Cora Berliner wurde 1927 beauftragt, im Rahmen der Deutschen Botschaft in London für eine Verbesserung der Handelsbeziehungen mit Großbritannien zu sorgen. Die Erwartung, dass Katharina von Oheimb, die von der ausländischen Presse als „uncrownd Queen of Germany" gefeiert wurde, als erste Botschafterin Deutschlands in die Welt geschickt werden würde, erfüllte sich dagegen nicht.

Als erste Vorsitzende einer Partei gehörte auch Ruth Fischer zu den politischen Ausnahmen der Weimarer Republik. Die gebürtige Österreicherin hatte in der deutschen kommunistischen Partei schnell Karriere gemacht. Im Jahr 1921 wurde sie Politischer Sekretär der Bezirksleitung Berlin-Brandenburg, 1922 Mitglied des Zentralkomitees und 1924 Parteiführerin. Dahinter standen erbitterte Richtungskämpfe innerhalb der jungen, an qualifizierten Führungskräften nicht gerade gesegneten Partei, die mit permanenten Führungswechseln verbunden waren. Ruth Fischer besaß persönliche

Ausstrahlung und hinterließ, wenn sie als Rednerin auftrat, großen Eindruck.

Legendär ist auch ihr rigider Führungsstil, mit dem sie ihre männlichen Vorgänger und Nachfolger noch übertroffen haben soll. Diese Wertung ist wie bei vielen anderen Politikerinnen von dem Klischee beeinflusst, dass sie sich anders verhielten, als es von einer Frau erwartet wurde, und von der Schwierigkeit der Männer, sich einer Frau unterzuordnen. Ruth Fischer widersprach auch der Erwartung, dass sich eine Politikerin automatisch für Frauenbelange einsetzen werde.

Denn die Parteivorsitzende war vehemente Gegnerin einer eigenständigen Frauenpolitik. Auf der KPD-Frauenkonferenz im Mai 1924 erklärte die frisch gekürte Parteiführerin, die „Frauenarbeit von ihrem Spezialcharakter" erlösen zu wollen. Statt selbständige Kampagnen zu machen, sollten die Frauen die Kämpfe der Arbeiterschaft unterstützen. „Die meisten Genossen ... haben nicht verstanden, dass die proletarischen Frauen Kampfgenossen sind und nicht schlechthin Weiber", kritisierte die Leiterin des KPD-Reichsfrauensekretariats Martha Braunthal. „Die Einstellung hat sich bis ins Kleinste gezeigt. So auch bei der Aufstellung der Reichstagskandidaten ... Von 62 gewählten Reichstagsabgeordneten sind nur 5 Frauen". Ruth Fischer wies dies mit den Worten zurück: „Wenn man ... eine Vorzugsstellung verlangt, weil man Röcke an hat, wird man auf Widerstand bei unseren Genossen in den Bezirken stoßen."

Bezeichnend war es, dass unter der Führung und auf Betreiben einer Frau das Reichsfrauensekretariat der KPD aufgelöst und die Frauenarbeit direkt dem Politbüro, das heißt dessen Beschlüssen und Kontrolle, unterstellt wurde. Eine Frau an der Spitze der KPD blieb eine kurze Episode. Auf Intervention Stalins wurde Ruth Fischer 1925 aus dem Politbüro ausgeschlossen und ein Jahr später auch aus der Partei. Und Ende 1925 wurde aufgrund der Beschlüsse der kommunistischen Fraueninternationale, die von Clara Zetkin geleitet wurde, in Deutschland erstmals eine kommunistische Frauenorganisation gegründet, der „Rote Frauen- und Mädchenbund". Damit hatten die Kommunistinnen zwar ein eigenes Betätigungsfeld – eine stärkere Verankerung von frauenpolitischen Forderungen oder mehr Einfluss auf die Parteipolitik erlangten sie damit allerdings nicht.

Angesichts der Unterrepräsentanz der Frauen in den Parlamenten und ihrem geringen politischen Einfluss tauchte während der Weimarer Republik immer wieder der Vorschlag auf, eine Frauenpartei zu gründen. „Der größte Teil dieses Heftes ist der Erörterung des Problems Frauenpartei gewidmet", hieß es im Editorial des Februarheftes 1925 von *Die Frau*, der von Gertrud Bäumer und Helene Lange herausgegebenen Zeitschrift des „Bundes deutscher Frauenvereine". „Die Tatsache, dass so viele Beiträge zu diesem Thema einliefen, hat uns gezeigt, ein wie lebhaftes Interesse die Frage erregt, wie der unhaltbaren Stellung der Frauen innerhalb der Parteien und des Parlaments abzuhelfen sei. Theoretisch scheinen uns alle vorhandenen Möglichkeiten in diesen Aufsätzen zur Geltung gekommen zu sein; wir werden die Erörterung neu aufnehmen, sobald dazu konkrete Veranlassungen gegeben sind."

Es waren drei Gründe, die in dieser, vorausgegangenen und folgenden Debatten, gegen die Frauenpartei ins Feld geführt wurden. Die ersten hielten die Bildung einer Frauenpartei für unmöglich, da die politischen Standpunkte der Frauen jenseits der frauenpolitischen Gemeinsamkeiten unvereinbar seien. Wie sollen Sozialistinnen, Bürgerliche und Monarchistinnen in einer Partei zusammenarbeiten, fragten sie. Die zweiten hielten die Zeit noch nicht reif für eine Frauenpartei, weil noch nicht genügend Frauen sich für eine solche einsetzen und sie auch wählen würden. Und die dritten lehnten die Gründung einer Frauenpartei ab, weil sie eine von

Männern entwickelte patriarchale Organisationsform nicht auf die Frauenbewegung übertragen wollten.

Brauchen wir eine Frauenpartei? lautete auch der Titel einer 1931 von Katharina vom Oheimb verfassten Broschüre. Eine stärkere politische Beteiligung der Frauen war für sie nicht nur eine Frage der Gleichberechtigung, sondern gesellschaftliche Notwendigkeit: „Die ungeheuren Schwierigkeiten von heute haben ihre Ursache in der Ausschaltung der Frau von der Politik ... Wo sie heute am stärksten zurückgedrängt ist, so im Bank- und Börsenwesen, da kracht es am stärksten." Um das Problem der unterschiedlichen Weltanschauungen unter den Frauen zu umgehen, schlug Oheimb statt der Gründung einer Frauenpartei vor, dass jede Partei zu den Wahlen separate Männer- und Frauenlisten aufstellen sollte. Die Stimmberechtigten könnten dann erstens entscheiden, welche politische Richtung sie wählen wollten und zweitens, welches Geschlecht. Frauen seien dann nicht mehr länger gezwungen, Männern ihre Stimmen zu geben. Praktisch umgesetzt wurde dieser originelle Vorschlag nicht.

Während der Weimarer Republik traten reine Frauenlisten lediglich auf kommunaler Ebene an und waren durchaus erfolgreich, wie folgendes Beispiel aus dem Jahr 1924 zeigt: „Die eigenartigen Verhältnisse in der schönen Blumenstadt Erfurt, wo wochenlang hin- und herberaten wurde, welche Listen aufgestellt werden sollten, endeten schließlich mit dem Ergebnis, dass man zwar auf einigen Listen – es waren mittlerweile neun geworden – die ehemals im Stadtparlament tätigen Hausfrauen wieder in aussichtsreicher Stelle aufstellte, dagegen keine einzige ‚berufstätige Frau' an eine derartige Stelle zu bringen war. Selbst die seit langem im Stadtparlament erfolgreiche eine berufstätige Frau, die 1. Vorsitzende der Reichspost- und Telegraphenbeamtinnen, Fräulein Bardinal, wollten die Demokraten nur an 17. Stelle aufstellen. Das war gleichbedeutend mit einem Ausschalten der berufstätigen Frauen von der Mitarbeit im Stadtparlament und zwang zur Kampfstellung. Die ‚berufstätige Frau' hat es gelernt, sich selbst zu helfen und so entschloss man sich kurzerhand, eine eigene Liste – die zehnte – aufzustellen, obschon nur noch einige Tage Zeit zur Vorbereitung verblieben. Ein ‚Aufklärungsabend' wurde von der sofort gegründeten Arbeitsgemeinschaft der berufstätigen Frauen veranstaltet, wo in sachlichen Ausführungen klargemacht wurde, was die berufstätige Frauen zu ihrem selbständigen Vorgehen veranlasst habe. Vor allem wurde die praktische Arbeit der Frau im Stadtparlament geschildert, wo gerade für die wirksame Tätigkeit der berufstätigen Frau ein weites Feld zu beackern bleibe. Die Frau trete hier nicht als Bekämpferin des Mannes auf, wie vielfach irrtümlich angenommen werde, sie wolle lediglich die Pflicht erfüllen, die den beiden Geschlechtern gemeinsam im Stadtparlament obliegen. Schon die Anwesenheit einer Frau in vielen Fällen, z. B. bei Krankenfürsorge, Wohlfahrtsfürsorge, die Hinterbliebenenfürsorge, Schulangelegenheiten u. v. a. genügt manchmal schon, Erfolge zu ermöglichen. Es sei die Pflicht, die Frauen aufzuklären, die durch die Unterstützung dahin wirken müssen, dass die Wahl am 4. Mai ein voller Erfolg für die berufstätigen Frauen der Vaterstadt Erfurt werde. Trotz aller Gegenarbeit von allen Seiten brachte der Wahltag einen Sieg für die berufstätigen Frauen; denn sie hatten mit ihrer Liste den verlorenen Sitz wiedergewonnen."

So gering die politische Partizipation, so bescheiden fiel auch die politische Bilanz für die Frauen in der Weimarer Republik aus. Trotz aller außerparlamentarischen Kampagnen und des breiten Bündnisses gegen den § 218 war lediglich die Indikation aus medizinischen Gründen zugelassen worden. Die Selbstbestimmung, ob eine Frau ein Kind haben wollte oder nicht, blieb ihr verwehrt. Um kleine soziale Verbesserungen für Heimarbeiterinnen und uneheliche Kinder hatten die Parlamentarierinnen ebenso lange kämpfen müssen wie um die Zulassung der Frauen zu den juristischen Ämtern und die Streichung der frauenfeindlichsten Bestimmungen des Bürgerlichen Gesetzbuches.

Viele neue Freiheiten und gesellschaftliche Veränderungen entpuppten sich als Bumerang für die Frauen. So gab es zwar ein immer größeres Angebot an Arbeitsmöglichkeiten für Frauen, doch die Entlohnung in den so genannten „Neuen Frauenberufen" lag nicht selten unter dem Existenzminimum und die Geschlechtszuschreibung fußte auf dem traditionellen Frauenklischee. Die Verkäuferin sollte hübsch und nett sein, um der Kundschaft das Geld aus der Tasche zu ziehen. Bürgerliche Töchter, die Klavier spielen gelernt hatten, galten wegen ihrer „Fingerfertigkeit" als besonders geeignet als Telefon- und Schreibfräulein. Die „Neue Frau" der „Goldenen Zwanziger" hatte vor allem jung, schlank und sexy zu sein; das Korsett, das schon während des Krieges ausgedient hatte, weil es die Frauen an der Übernahme neuer Aufgaben hinderte, wurde durch neue Modediktate ersetzt. Der Wahn der Diäten, des Schlankheitstrainings und der Schönheitsoperationen begann.

Die Frauenbewegung hatte es versäumt, weiterführende Perspektiven zu entwickeln. Auf dem Papier hatte sie das erreicht, wofür sie Jahrzehnte gekämpft hatte. Die meisten ihrer Vertreterinnen waren 1919 wie Marie Juchacz in der ersten Reichstagsrede einer Frau nicht nur davon ausgegangen, „dass die Frauenfrage in ihrem alten Sinne nicht mehr besteht", sondern „dass sie gelöst ist". Wurde da überhaupt noch eine Frauenbewegung gebraucht?

Dass auch das Wahlrecht und der Einzug der Frauen in die Parlamente nur ein Etappensieg war, war wenigen bewusst. Die Hartnäckigkeit, mit der die Männer ihre politischen Bastionen verteidigten, sowie die mangelnde Bereitschaft, mit den Frauen zu teilen – damit hatten die Frauen nicht gerechnet. Schwierigkeiten bei der praktischen Umsetzung hatten sie unterschätzt. Rückschläge trafen sie unerwartet und unvorbereitet, sie hatten ihnen wenig entgegenzusetzen. Da ihre wichtigsten Protagonistinnen ihr Hauptbetätigungsfeld in die Parlamente und Parteien verlagerten, verlor die außerparlamentarische Frauenbewegung an Bedeutung, durch die Aufsplitterung der Frauen auf die verschiedenen Fraktionen verloren sie an Einfluss.

Es fehlte der Frauenbewegung aber nicht nur an zukunftsweisenden Ideen und Strategien, mit denen sie auch die jungen „neuen Frauen" hätte erreichen können, auch ihre Arbeitsformen entsprachen nicht den neuen Anforderungen. Lida Gustava Heymann, die zu denjenigen gehörte, die es für notwenig hielten, den Kampf um die Emanzipation der Frauen fortzusetzen, kritisierte: „Dass dieser Kampf unter Führung von einigen wenigen Frauen organisiert, in Vereinen mit tausend Kautelen eingeengt wird, wie sich das die so alten Führerinnen der vorkriegszeitlichen Frauenbewegung denken – die Zeit ist dahin".

Junge Frauen, die aufbrachen, um anders zu leben als ihre Mütter und Großmütter, wählten in der Regel den individuellen Weg. Sie glaubten an die neuen Chancen der Frauen, probierten sie aus, um am Ende feststellen zu müssen, dass sich nicht wirklich etwas an der gesellschaftlichen Situation der Frauen geändert hatte. Die Männer bestimmten weiter und die Frauen hatten immer noch das Nachsehen. Desillusioniert und mangels Alternativen kehrten viele zur traditionellen Frauenrolle zurück, an dem die Mehrheit der älteren Frauen, verunsichert durch die gesellschaftlichen Umbrüche, auch während der Weimarer Republik festgehalten hatten. Heim und Herd waren das Revier, in dem sie etwas zu sagen hatten, und diese boten Schutz vor dem Ungewissen.

Das drückt sich auch im Wahlverhalten der Frauen aus. Um auch ohne umfassende Wahlanalysen, die in der

Weimarer Republik noch unbekannt waren, Erkenntnisse über das Abstimmungsverhalten der neuen Wählerinnen gewinnen zu können, war es mit der Einführung des Frauenwahlrechts für zulässig erklärt worden, in den Wahllokalen getrennte Wahlurnen für Frauen und Männer aufzustellen. Da von dieser Möglichkeit aber relativ selten Gebrauch gemacht wurde, sind die Ergebnisse nur bedingt aussagekräftig und zum Teil stark regional beeinflusst. Relativ ausgewogen war das Geschlechterverhältnis bei den liberalen Parteien und der SPD. Bei der KPD überwogen die Männerstimmen stark. Umgekehrt bekamen die katholische Zentrumspartei und die konservativen bürgerlichen Parteien, die das traditionelle Frauenbild propagierten, weitaus mehr Frauenstimmen.

Hin und her gerissen zwischen dem Bild von der traditionellen und der neuen Frau, die beide nicht hielten, was sie den Frauen versprachen, und auf individuelle Lösungen verwiesen, die durch die ökonomische und politische Krise am Ende der Weimarer Republik immer schwieriger wurden, folgten auch Frauen falschen Heilsversprechungen und Rattenfängern von rechts außen.

„Die Frau in ihrem wahren Beruf" –

Frauen in der Nazizeit

„Die fanatischsten Anhänger des Nationalsozialismus finden sich unter den Frauen", berichtete 1932 ein amerikanischer Journalist aus Deutschland. „Frauen waren von Anfang an die stärkste Säule der Hitlerbewegung … Bei Naziversammlungen ist der Anteil der Frauen unter den Anwesenden immer überraschend hoch. Hitler übt auf das schwache Geschlecht in Deutschland eine besondere Faszination aus …". Durch Filmaufnahmen „dem Führer" zujubelnder Frauenmassen wird dieser Mythos bis heute gespeist. Dazu gehört auch die verbreitete Legende, dass die Stimmen der Frauen die NSDAP an die Macht gebracht hätten.

Damit werden nicht nur die wahren Steigbügelhalter der Nazis verschwiegen – die männlichen Machteliten aus Ökonomie und Politik. Es wird zudem der falsche Eindruck erweckt, als sei die NSDAP durch Wahlen an die Macht gekommen und den Frauen, die angeblich von Hitler schwärmten, wieder einmal die politische Entscheidungsfähigkeit abgesprochen. Die Gründe, warum Frauen die Nazis trotz ihrer frauenfeindlichen Ideologie und Politik unterstützten, bleiben dadurch ebenso ausgeblendet wie die Mitwirkung der Frauen an den NS-Verbrechen auf der einen Seite und der weibliche Widerstand auf der anderen.

Für Adolf Hitler war „Frauenemanzipation nur ein vom jüdischen Intellekt erfundenes Wort und der Inhalt von demselben Geist geprägt". Seine Person durch Frauen unterstützen zu lassen, war ihm dennoch willkommen. Nach seinem gescheiterten Putschversuch im November 1923 und seiner vorzeitigen Haftentlassung 1924 waren es vor allem zwei Frauen, die den Vorbestraften gesellschaftsfähig machten.

Helene Bechstein und Winifried Wagner unterstützten Hitler finanziell, brachten ihm Manieren und das richtige Auftreten bei, luden ihn in ihre Kreise ein und verschafften ihm wichtige Beziehungen.

Für die NSDAP war Politik wie für ihren „Führer" Männersache. Im Parteistatut waren Frauen von allen Funktionen ausgeschlossen, nicht aber von der einfachen Mitgliedschaft. Obwohl die Partei sich weder um weibliche Mitglieder noch um Wählerinnen bemühte, waren 1931 bereits 50.000 Frauen in die NSDAP eingetreten und Millionen Frauen gaben der NSDAP ihre Stimme. Angesichts der auch in der Weimarer Republik fortgesetzten Frauendiskriminierung und der Nebenrolle, die Frauen und Frauenpolitik in den Parlamenten und Parteien spielten, erschien die Frauenfeindlichkeit der NSDAP nur als gradueller Unterschied.

In ihrer Untersuchung über die große Anziehungskraft des italienischen Faschismus auf die Massen war Clara Zetkin 1923 zu dem Ergebnis gekommen, dass es die von der Revolution Enttäuschten seien, die die Massenbasis des Faschismus bildeten. Den linken Kräften sei es nicht gelungen, reale Utopien zu entwickeln. Wie geschickt Nazi-Anhängerinnen die Enttäuschungen von Frauen über die Weimarer Republik aufgriffen, sie für ihre Propaganda nutzten und das traditionelle Frauenbild als Alternativangebot der Nazis verkauften, zeigt folgendes Zitat: „Die Frauenbewegung des Gestern führten 36 Parlamentarierinnen in den Reichstag und hunderttausende von deutschen Frauen auf die Straßen der Großstädte, sie machten eine Frau zur Ministerialrätin und hunderttausende zu Lohnsklaven einer kapitalistischen Wirtschaftsmacht. Die berufstätige Frau von heute ist ein gequältes und gedrücktes Geschöpf. Stundenlang sitzt sie am Tag hinter der Schreibmaschine oder dem Stenogrammblock ... Tag für Tag ... die gleiche Qual ... Die Frau ist zur Arbeitsmaschine geworden ... Der Nationalsozialismus will jedoch die Frau ihrem wahren Beruf wieder zuführen … Gattin und Mutter."

Außerhalb der NSDAP, die vor 1933 auf Frauen überhaupt keinen Wert legte, gab es unzählige Einzelfrauen und Fraueninitiativen, die die Frauen für die NS-Bewegung zu gewinnen suchten. Dass die Partei keine Positionen zur Frauenfrage entwickelte, nutzten diese Organisationen als Freiraum zur Propagierung ihrer eigenen Ideen. Für eine geschlossene NS-Frauenideologie waren diese Konglomerate zu widersprüchlich, doch boten sie fast jeder Frau etwas Passendes und machten die Frauen schließlich „reif" für die Naziideologie.

Elsbeth Zander gab eine Zeitschrift mit dem bezeichnenden Titel *Opferdienst der Frau* heraus. Mit der Verklärung der angeblich angeborenen weiblichen Opferbereitschaft gelang es ihr, Zehntausende von Frauen in den von ihr begründeten „Mutterzellen" und im „Frauenorden Rotes Hakenkreuz" zu organisieren. Bei ihren öffentlichen Auftritten ahmte sie Hitler nach und erklärte „Damen und Sozialistinnen" zu den Hauptfeinden der Frauen.

Pia Sophie Rogge-Börner wandte sich gegen die Reduktion der Frau als Gebärerin. Sie bezog sich auf den Germanenkult der NS-Ideologie und mythisierte altes germanisches Frauenrecht, das sie wieder beleben wollte. Damit sollte zur „Geschlechterharmonie", wie sie früher verwirklicht gewesen sei, zurückgekehrt werden.

Gunda Diehl, die selbst nie der NSDAP beitrat, fand durch ihre geschickte Vermischung rechtsextremen Gedankengutes mit konkreten Frauenforderungen Gehör und Anhängerinnen auch in der Frauenbewegung. Sie wollte das wirkungslose Frauenwahlrecht durch „Frauenkammern" ablösen und die Bereiche Soziales, Gesundheit, Erziehung und Moral ganz in die Hände von Frauen legen. Sie propagierte einen überparteilichen „Frauenkampfbund" und versprach die Errichtung eines Frauenparadieses nach erfolgreicher NS-Revolution.

Lydia Gottschewski, eine beeindruckende Rednerin, gab den „unpatriotischen Führerinnen" der Frauenbewegung die Schuld an der deutschen Niederlage im Ersten Weltkrieg. Frauenstudium und andere Errungenschaften der Frauenbewegung diffamierte sie als Privilegien, die nur wenigen Frauen zugute kämen. „Frauengemäße Arbeit" statt „Männerarbeit" für Frauen war ihre Parole.

Bezeichnendweise wurde keine dieser frühen NS-Propagandistinnen, die den Nazis viele Frauen zugeführt hatten, nach 1933 mit einem Amt belohnt. Offenbar waren sie den Nazis zu selbständig, maßen den Frauen zu große Bedeutung bei und stellten Forderungen. Als die Nazis kurz vor ihrer Machtübernahme 1933 begannen eigene Frauenorganisationen aufzubauen, weil ihnen klar geworden war, dass sie ihre politischen Ziele nicht ohne Integration und Mitwirkung von Frauen würden verwirklichen können, übertrugen sie die Führung der Newcomerin Gertrud Scholz-Klink, die Gewähr dafür bot, dass sie den Anweisungen der Nazi-Führer folgen würde. „Die deutsche Frau muss so sein, dass sie alles, was von ihr gefordert wird, gern tut", erklärte die neue NS-Frauenführerin.

Prozentual erreichte die NSDAP bei den Frauen erstmals im März 1933 mit 43,9 Prozent den gleichen Stimmenanteil wie bei den männlichen Wählern.

Hatte die NSDAP bei den Wahlen zunächst wesentlich mehr Stimmen von Männern als Frauen erhalten, glich sich der Prozentsatz der Frauen, die die NSDAP wählten, immer mehr dem der Männer an, je besser die NSDAP bei den Wahlen abschnitt. Bei den Reichspräsidentenwahlen im April 1932 hatten die Frauen Hindenburg zum Wahlsieg verholfen. Während er nur 48,7 Prozent der männlichen Stimmen erhielt, waren es 56 Prozent bei den Frauen. Hitler hatte 35,9

Prozent der Männer und 33,6 Prozent der Frauen, den KPD-Kandidaten Thälmann 15,4 Prozent der Männer, aber nur 10,4 Prozent der Frauen gewählt.

Erstmals bei den Wahlen am 5. März 1933 wählten beide Geschlechter zu jeweils knapp 44 Prozent die Nazis. Zu diesem Zeitpunkt war Hitler bereits fünf Wochen Reichskanzler, die NSDAP mit mehreren Ministern an der Regierung beteiligt, der SA-Terror staatlich legitimiert und die Verfolgung der Nazi-Gegner und aller ihnen Missliebigen gesetzlich durch die Verordnung „zum Schutze von Volk und Staat", die einen Tag nach dem Reichstagsbrand am 27. Februar 1933 ergangen war, auch rechtlich verankert. Von freien Wahlen konnte am 5. März 1933 also nicht mehr die Rede sein.

Am 23. März 1933 ließ die NSDAP durch das „Ermächtigungsgesetz" die Weimarer Verfassung außer Kraft setzen und übertrug Adolf Hitler die absolute Macht. Um die hierfür notwendige Zweidrittelmehrheit nicht zu gefährden, wurde den KPD-Abgeordneten, die aufgrund ihrer Verfolgung nicht mehr an den Reichstagssitzungen teilnehmen konnten, das Mandat aberkannt. Auch bei der SPD-Fraktion fehlten aufgrund von Verhaftungen und Flucht bereits 26 Mitglieder. Wegen der zu erwartenden Repressalien wurde in der Fraktion überlegt, der Abstimmung fernzubleiben. „Ich gehe, und wenn sie mich drüben in Stücke reißen", soll die spätere Berliner Oberbürgermeisterin und damalige Reichstagsabgeordnete Louise Schroeder erklärt haben. Andere weibliche Abgeordnete schlossen sich ihr an. Und so kam es zur geschlossenen Nein-Abstimmung der SPD und der in die Geschichte eingegangenen mutigen Erklärung des sozialdemokratischen Fraktionsvorsitzenden Otto Wels vor dem Reichstag.

In der Zentrumsfraktion hatten sich die einzigen beiden weiblichen Vertreterinnen, Helene Weber und Christine Teusch, dafür stark gemacht, sich bei der Abstimmung zu enthalten, wodurch die notwendige Zwei-Drittel-Mehrheit für die Verfassungsaufhebung verhindert worden wäre. Doch die katholische Partei wollte die Konkordatsverhandlungen zwischen der von Hitler geführten deutschen Reichsregierung und dem Vatikan, in der eine gegenseitige Nichteinmischung vereinbart wurde, nicht gefährden. Teusch und Weber beugten sich der Fraktionsmehrheit und stimmten wie diese und die weiblichen Abgeordneten der anderen bürgerlichen Parteien mit „Ja".

Noch im April 1933 erklärte Gertrud Bäumer, die mehr als ein Vierteljahrhundert zu den führenden Vertreterinnen der bürgerlichen Frauenbewegung gehört hatte, in völliger Fehleinschätzung, was die Machtübernahme durch die Nazis für die Frauen bedeutete – dass es „für das uns gestellte Problem, im letzten Grund vollkommen gleichgültig" sei, „wie der Staat beschaffen ist, in dem heute die Frage der Einbeziehung der Frauen besteht: ob es ein parlamentarischer, ein demokratischer, ein faschistischer Staat ist".

Wenige Wochen darauf sah sich der „Bund deutscher Frauenvereine" zur Selbstauflösung gezwungen, um einer Gleichschaltung zu entgehen. Einige Frauenorganisationen wie der „Staatsbürgerinnenverband" folgten seinem Beispiel, während sich andere wie der „Evangelische Frauenbund" oder der „Deutsche Hausfrauenverband" in das „NS-Frauenwerk" eingliedern ließen. Auch der damit verbundenen Absetzung und dem Ausschluss von politisch missliebigen Frauen sowie aller Mitglieder jüdischer Abstammung setzten sie keinen Widerstand entgegen. Frauen, die in der Arbeiterbewegung organisiert gewesen waren, verloren ihre Wirkungsmöglichkeiten mit deren Verbot. Das passive Wahlrecht wurde den Frauen aberkannt, das aktive verkam zur Farce.

Zahlreiche Frauenvertreterinnen und Politikerinnen wurden verfolgt und ermordet. „In Verzweiflung über die

Schande des deutschen Volkes" beging die SPD-Reichstags-
abgeordnete Toni Pfülf am 8. Juni 1933 Selbstmord. Ihre
Fraktionskollegin Clara Bohm-Schuch, von 1920 bis 1933
Mitglied des Reichstagspräsidiums, starb 1936 an den Folgen
ihrer Inhaftierung. An ihrem Begräbnis auf dem Friedhof
Baumschulenweg nahmen mehr als 10.000 Menschen teil,
eine ungewöhnliche antifaschistische Massenkundgebung. In
Ravensbrück ermordet wurden die KPD- und SPD-Reichs-
tagsabgeordneten Lotte Zinke und Johanna Tesch. Dies sind
nur einige Beispiele. Gertrud Bäumer wurde als Ministerialrätin entlassen, konnte ihre Zeitschrift *Die Frau* aber bis
1944 weiter herausgeben. Die Reichstagsabgeordneten Marie
Elisabeth Lüders und Katharina von Oheimb sowie viele
andere erhielten dagegen Schreib- und Auftrittsverbot. Ins
Exil fliehen konnten Alice Salomon, Helene Stöcker, Lida
Gustava Heymann und Anita Augsburg.

Eine Interessenvertretung der Frauen gab es damit in
Deutschland nicht mehr. Dass sich die NS-Frauenschaft und
das NS-Frauenwerk, denen insgesamt sechs Millionen Frauen
angehörten, nicht als solche verstanden, zeigt folgende Äußerung ihrer Vorsitzenden Gertrud Scholz-Klink: „Wir unterscheiden uns grundsätzlich von früheren Frauenorganisationen oder einer früheren Frauenbewegung in einem Gedanken: bei all unserem Handeln fragen wir nie, was erreiche ich
damit für mich, sondern unser oberster Grundsatz ist, wie
diene ich meinem Volke damit." Und wer zum Volk gehörte
und was als dem Volk dienlich galt, wurde von der NS-Diktatur
bestimmt. Frauen wurden zur bereitwilligen Verfügungsmas-
se degradiert.

Daraus ergibt sich allerdings keineswegs, dass Frauen
generell Opfer der NS-Diktatur waren. Zwar wurde die
Selbstbestimmung in vielen Bereichen erheblich eingeschränkt.
Dies betraf Ausbildungs- und Berufsmöglichkeiten. Frauen
wurden aus Leitungsfunktionen entlassen, Höchstquoten für

Studentinnen eingeführt. Auch ob eine Frau Kinder haben durfte oder nicht, darüber entschieden die Nazis. Während die einen mit „Mutterkreuzen" behängt und auf Abtreibung die Todesstrafe stand, wurden andere Frauen zwangssterilisiert.

Vom Überfall auf andere Länder und der Enteignung der jüdischen Bevölkerung profitierten als Arierinnen eingestufte Frauen, in dem sie zum Beispiel bei Versteigerungen billig jüdisches Eigentum erwerben konnten. Bei anderen NS-Verbrechen waren sie Mitwirkende. Es gab nicht nur Frauen in der SS und als Aufseherinnen in den KZs. Auch ein Boykott jüdischer Geschäfte wäre ohne Frauen ebenso wenig umsetzbar gewesen wie die Euthanasiemorde ohne die im Sozial- und Gesundheitsbereich arbeitenden Frauen.

Dabei machten sich die Nazis Forderungen nach eugenischen Maßnahmen und „Bewahrung von Asozialen", wie sie auch von Ärztinnen, Sozialarbeiterinnen und verschiedenen Frauenorganisationen schon in der Weimarer Republik entwickelt worden waren, zunutze. In der vorletzten Nummer des *Nachrichtenblattes* des „Bundes deutscher Frauenvereine" im Frühjahr 1933 hieß es: „Das neue Deutschland wird für eine ganze Reihe von Aufgaben, die der Bund für dringlich hält, unzweifelhaft besonderes Verständnis haben. Eine ,biologische Politik', die die deutsche Familie durch wirtschaftliche und eugenische Maßnahmen stützt, steht hier in erster Linie. Die Vorarbeiten sind in unserem bevölkerungspolitischen Ausschuss bereits gemacht ... Ein Bewahrungsgesetz, vom Bund seit Jahren gefordert, muss nun endlich unser Volk vor asozialen Personen schützen ..."

Die gleichgeschalteten Frauenorganisationen freuten sich, welch großer Stellenwert Haushaltskursen und Säuglingspflege beigemessen wurde. Die mit „Mutterkreuzen" ausgezeichneten Mütter waren stolz, dass sie erstmals gesellschaftliche Anerkennung fanden und sogar den Soldaten mit den „Eisernen Kreuzen" gleichgestellt wurden. Den jungen Mädchen brachte der „Bund deutscher Mädchen" (BDM) neue Freizeit-, Sport- und Gruppenerlebnisse.

All dies fand nicht, wie nach 1945 häufig in persönlichen Erinnerungen dargestellt, im ideologiefreien Raum statt. Es wurden nicht nur gebetsmühlenartig immer wieder die „deutsche Frau" und das „deutsche Mädchen" und deren Aufgaben in der „Volksgemeinschaft" beschworen. Zu jedem BDM-Treffen, zu jeder Zusammenkunft der NS-Frauenschaft und des NS-Frauenwerks gehörte auch die Vermittlung von NS-Propaganda durch die jeweilige „Führerin". Und der vermeintlichen Zwangsmitgliedschaft im BDM konnten sich nicht wenige entziehen.

Die NS-Frauenorganisationen waren auch keineswegs eine unpolitische Spielwiese für Frauen. Wer nach ihrem Zweck fragt, stößt sehr schnell auf ihre politische Bedeutung. Die Nazis glaubten wie viele Konservative an die „Dolchstoßlegende", wonach Deutschland den Ersten Weltkrieg nicht an der Front, sondern in der Heimat verloren habe. Mit Streiks, Lebensmittelunruhen, Defätismus etc. sei diese der Front in den Rücken gefallen. Die „Heimatfront", die versagt hatte, das aber waren vor allem die Frauen.

Wenn die Nazis ihr Ziel, die Weltherrschaft zu erringen, erreichen wollten, dann mussten sie die Frauen für den nächsten Krieg sowohl ideologisch einbinden als auch körperlich abhärten. Vor diesem Hintergrund erscheinen die bis heute von den Beteiligten als unpolitisch eingestuften Körperübungen des BDM oder Haushaltskurse des NS-Frauenwerkes unter einem ganz anderen Licht. Sie dienten der Kriegsvorbereitung.

Auch mit Säuglingspflege, die ebenfalls als ideologieunverdächtig erscheint und die bis zum Aufbruch ins Zeitalter der antiautoritären Erziehung nach 1968 unhinterfragt nach Vorgaben aus der NS-Zeit praktiziert wurde, lassen sich gesellschaftliche Normierungen durchsetzen. Zu den Tipps der NS-Lehrbücher gehörte zum Beispiel, dass feste Stillzeiten unbedingt einzuhalten seien, auch wenn das Kind noch so schreien würde. Damit sollte der Entwicklung eines eigenen Willens früh Einhalt geboten, Disziplin und Unterordnung erzeugt werden.

Auch im Bereich Widerstand gegen die Nazis verstellt die männlich geprägte Sichtweise und Definition, was politisch ist, bis heute die Wahrnehmung und Aufarbeitung der Breite weiblichen Widerstandes. War es Widerstand, wenn Frauen ihrer Dienstverpflichtung während des Zweiten Weltkrieges nicht nachkamen? Gefängnisakten sind voll mit solchen Fällen, doch niemand hat bis heute die Hintergründe, Zusammenhänge und Motive ermittelt. Lange war umstritten, ob Hilfe für Verfolgte, ein Bereich, in dem sich mehr Frauen als Männer engagierten, überhaupt als Widerstand zu werten sei. Ebenso wurde die eigenständige Widerstandsleistung von Frauen, die gemeinsam mit ihren Männern aktiv waren, wie zum Beispiel der Frauen des „20. Juli", nicht zur Kenntnis genommen. Der hohe Frauenanteil an anderen Widerstandszusammenhängen wird durch deren Bezeichnung nach führenden Männern wie bei der „Gruppe um Herbert Baum", der „Schulze-Boysen-Harnack-Organisation" oder der „Saefkow-Bästlein-Gruppe" erst auf den zweiten Blick sichtbar.

Lag es daran, dass der „Frauenprotest in der Rosenstraße" weder in der DDR noch in der BRD zur Widerstandsgeschichte gehörte und erst mehr als fünfzig Jahre danach allmählich öffentlich wahrgenommen wurde, weil Frauen die Handelnden waren? Oder daran, dass dieser außergewöhnliche Widerstand in kein Schema passte und sich nicht zur Instrumentalisierung für bestimmte Zwecke eignete? Außergewöhnlich war der „Frauenprotest in der Rosenstraße" vor allem deshalb, weil er zeigt, dass auch erfolgreicher Widerstand gegen die NS-Diktatur möglich war und dass

Widerstand weder einer Organisation noch eines Aufrufes oder einer Anleitung bedurfte, sondern lediglich der Zivilcourage und des Zusammenhaltes.

Hunderte von Frauen hatten sich im Februar 1943 einfach auf die Suche nach ihren jüdischen Angehörigen gemacht und eine Woche lang vor dem Haus in der Rosenstraße mitten in Berlin ausgeharrt, in dem diese festgehalten wurden, bis mehr als zweitausend Menschen wieder freigelassen wurden.

Warum suggeriert Margarete von Trotta in ihrem Spielfilm über den „Frauenprotest in der Rosenstraße" im Jahre 2003 entgegen den historischen Fakten, dass Goebbels die Freilassung der Inhaftierten befohlen habe, nachdem eine der protestierenden Frauen mit ihm ins Bett gegangen sei? Ist das wirklich nur die dramaturgische Freiheit eines Spielfilms, wenn so getan wird, als könnten Frauen bis heute nur durch Sex etwas erreichen? Andere versuchen den Erfolg des Protestes der Frauen infrage zu stellen, indem sie auf Gestapoakten verweisen, nach denen die in der Rosenstraße Eingesperrten gar nicht hätten deportiert werden sollen.

An diesem Beispiel wird wie an keinem anderen deutlich, welcher Gewinn es für die Menschen sein könnte, wenn sie aus dem anderen politischen Handeln von Frauen lernen würden.

„Ich hatte einen Zipfel der Macht in meinen Händen" – Nach 1945

Zu den zahlreichen Frauen, die mit dem Ende des Krieges und der Zerschlagung der Nazi-Herrschaft im Frühjahr 1945 in Amt und Würden kamen, gehörte Katharina von Oheimb. Sie, die 1923 als erste Kanzlerin Deutschlands im Gespräch gewesen war, wurde Bürgermeisterin in Ahrensdorf. In dieser kleinen brandenburgischen Gemeinde war die ehemalige Reichstagsabgeordnete im Sommer 1944 mit ihrem Mann Siegfried von Kardorff untergetaucht, als die beiden vor der Verhaftungsaktion „Gitter" gewarnt wurden. Nachdem die Rote Armee das Dorf überrannt hatte und die letzten Nazis geflohen waren, hatte sich Katharina von Oheimb mit ihrem Organisationstalent dem drohenden Chaos entgegengestellt. Der zuständige sowjetische Kommandeur hatte sie daraufhin kurzerhand zur neuen Bürgermeisterin ernannt.

Hoffnung auf eine neue Epoche für Frauen in der Politik weckten auch die in vielen Orten spontan entstehenden Frauenausschüsse. Mit ihnen schien eine Utopie Wirklichkeit zu werden: ein Zusammenschluss von Frauen, der sich aller gesellschaftlichen Belange annahm, sowohl im sozialen als auch politischen Bereich tätig wurde, überparteilich, aber unter Mitwirkung von Parteifrauen aller Richtungen, außerparlamentarisch, doch anerkannt von den traditionellen staatlichen und politischen Institutionen und mit Einfluss auf sie. Frauen machten nicht nur zwei Drittel der Nachkriegsbevölkerung aus, die akuten Probleme waren ohne sie nicht zu lösen.

„Überhaupt verlagerten sich die zu lösenden Aufgaben des öffentlichen Wohls in die Frauenausschüsse", heißt es in den Erinnerungen von Marie Wolter, eine der Leiterinnen des

Frauenausschusses von Berlin-Neukölln. Hervorgegangen war dieser aus mehreren Versammlungen, an denen bis zu fünfhundert Frauen teilgenommen hatten. „Die Themen waren Tagesfragen, über die rege diskutiert wurde. So wurden die Frauen … sich … bewusst, dass auch das, was sie zu sagen hatten, von Wichtigkeit war. … Die politische Einführung in den Versammlungen zeigte die verbrecherische menschenvernichtende Handlung der Hitlerdiktatur auf … An der Aussprache beteiligten sich neben Kommunistinnen, Widerstandskämpferinnen und anderen fortschrittlichen Frauen auch Frauen, die das erste Mal in einer Versammlung waren. Sie machten Vorschläge zur Beseitigung der Mängel und boten sich zur Mitarbeit an."

Der Neuköllner Frauenausschuss richtete Kindergärten, Säuglings- und Waisenheime ein, organisierte Schulspeisungen, die von 33 Leiterinnen ehrenamtlich betreut wurden, und betrieb 25 Nähstuben, in denen 175 Frauen 9.000 Kleidungsstücke für die erste Nachkriegsweihnachtsbescherung herstellten. Der Frauenausschuss unterhielt auch eine Beratungsstelle. Zur Zielgruppe gehörten arbeitslose Frauen und Frauen, die keine Berufsausbildung hatten oder sich umschulen lassen wollten. Vermittelt wurden Lehrerinnen, Kindergärtnerinnen, Kranken- und Säuglingsschwestern, aber auch „Ausbaumaurerinnen" für die Instandsetzung beschädigter Wohnungen. Hilfe gab es bei der Wohnungssuche, der Familienzusammenführung und in anderen Notlagen. „Uns suchten Frauen auf", erinnert sich eine Zeitzeugin, „die über ihre aus dem Krieg zurückgekehrten Männer sehr unglücklich waren. Entweder waren sie verroht oder konnten sich den Familienverhältnissen nicht mehr anpassen. Tragödien spielten sich ab. Die Frauen haben sich zum ersten Mal in ihrem Leben gegen ihre Männer durchgesetzt." Die Frauen, die während des Krieges und in den ersten Nachkriegsjahren allein zurechtkommen mussten, waren selbständig geworden und wollten sich nicht mehr unterordnen.

Die Frauenausschüsse waren aufgrund des alliierten Besatzungsrechts, das zunächst keine überregionalen Organisationen zuließ, auf kommunaler Ebene angesiedelt. Praktisch kümmerten sie sich wie in Berlin-Neukölln vor allem um die Lösung der dringenden Nachkriegsprobleme. Aber es ging auch darum, den gesellschaftlichen und politischen Neuaufbau mitzugestalten. Während die Frauenausschüsse in den Westzonen immer wieder Schwierigkeiten mit den Besatzungsbehörden hatten, wurden sie in Berlin und der sowjetischen Besatzungszone bald institutionalisiert.

Bereits im August 1945 richtete der Berliner Magistrat einen „Zentralen Frauenausschuss" ein, der paritätisch mit Frauen aus allen zugelassenen Parteien besetzt wurde. Am 3. November 1945 gestattete die Sowjetische Militäradministration die Bildung von Frauenausschüssen in der SBZ, die wie in Berlin den Stadtverwaltungen angegliedert werden sollten, und untersagte gleichzeitig die Schaffung von parteilichen Frauenorganisationen.

Dass die KPD mit dieser Anerkennung der Frauenausschüsse und deren politischen Alleinvertretungsrecht für Frauen in der SBZ bestimmte Interessen verfolgte, wird durch eine Erklärung von Elli Schmidt, KPD-Funktionärin seit den zwanziger Jahren und Vertreterin der KPD im Zentralen Berliner Frauenausschuss, deutlich: „Wir haben die gesamte Frauenarbeit bei der Neubildung der Partei auf eine ganz neue Basis gestellt, d. h. wir haben die Frauenausschüsse ins Leben gerufen und arbeiten auf einer breiten Basis, auf der wir in große Frauenschichten eindringen konnten."

Hatten Kommunistinnen aus der Erkenntnis, dass die „sektiererische Politik" ihrer Partei in der Weimarer Republik ein Fehler gewesen war und einem erfolgreichen Kampf gegen die Nazis im Weg gestanden hatte, die Zusammenarbeit mit anderen Frauen gesucht und initiiert, sah die KPD-Führung die Frauenausschüsse vor allem unter parteitaktischen Geschichtspunkten. Während der gesamten Weimarer Republik war die KPD von wesentlich weniger Frauen als Männern gewählt worden. Bei keiner anderen Partei hatte der Anteil an weiblichen und männlichen Stimmen so weit auseinander geklafft. Die Vorbehalte der Frauen waren einerseits durch den massiven Antikommunismus der Nazis, andererseits durch negative Erfahrungen mit der Roten Armee und den sowjetischen Besatzungsbehörden eher noch gewachsen. Insbesondere die Massenvergewaltigungen in den ersten Nachkriegstagen blieben ein verdrängtes Frauentrauma.

Wenn die Frauen auch weiterhin in ihrer übergroßen Mehrheit nicht kommunistisch wählen würden, sollten ihre Stimmen zumindest nicht den konkurrierenden Parteien zugute kommen. Deshalb unterstützte die SED, wie die KPD seit dem Zusammenschluss mit einem Teil der SPD im Frühjahr 1946 hieß, dass die Frauenausschüsse zu den Gemeindewahlen in der SBZ im September 1946 eigene Wahllisten aufstellten und SED-Frauen auf diesen Frauenlisten kandidierten. Diese Wahltaktik war allerdings umstritten. Um die Abwanderung weiblicher Stimmen zu verhindern, stellte die SED nicht nur namhafte Frauen auf ihren eigenen Listen auf, sondern führte sogar eine Drittelquotierung zugunsten von Kandidatinnen ein, d. h. mindestens jeder dritte Listenplatz war einer Frau vorbehalten.

Mit dieser Quotierung, einem Novum in der deutschen Wahlgeschichte, konnten die Frauen schon vor dem eigentlichen Wahltag einen Erfolg verbuchen. Die Mitarbeit von Parteifrauen in den Frauenausschüssen stärkte deren Stellung in der eigenen Partei und bewog letztere zu Zugeständnissen gegenüber den Frauen. Die Frauenlisten fanden dagegen nur wenig Anklang bei den Wählerinnen. Ihr Stimmenanteil blieb unter drei Prozent. Für die SED war dieses Experiment damit nicht mehr interessant. Bereits bei den wenige Wochen später im Oktober 1946 stattfindenden Landtagswahlen in der SBZ traten keine Frauenlisten mehr an.

Unter den Parteifrauen waren die Kommunistinnen von Anfang an die Einzigen, die den Frauenausschüssen eine politische Funktion zukommen lassen wollten. Die CDU-Frauen wollten deren Wirkungsbereich auf soziale Überlebensarbeit beschränken. „Die weltanschauliche und politische Aufklärung der Frauen gehört nicht zu den Aufgabengebieten der Frauenausschüsse. Sie muss in der Hand der Parteien verbleiben", hieß es in der Resolution einer CDU-Frauentagung 1946.

Die Sozialdemokratinnen arbeiteten nur um der Parität willen in den Frauenausschüssen mit, die sie eigentlich wie alle separaten Frauenorganisationen ablehnten. „Die sozialdemokratischen Frauen sind nicht eine besondere Frauenbewegung, sondern ein Teil der großen sozialdemokratischen Partei. Wir betrachten als unsere vornehmste Aufgabe, so zu arbeiten, dass wir Frauen politisch so erziehen, dass keine gesonderte Frauenbewegung in der Partei mehr notwendig ist", äußerte sich 1947 die im SPD-Parteivorstand für Frauenarbeit zuständige Herta Gotthelf.

Auch für die Frauen hatte es 1945 keine „Stunde Null" gegeben, und ein wirklicher Neuanfang in Form der Frauenausschüsse misslang. Wie sehr die Frauen selbst im traditionellen parteipolitischen System verhaftet blieben, zeigt nicht zuletzt die geringe Resonanz auf die Wahllisten der Frauenausschüsse. Sehr schnell wurden die Frauenausschüsse zum Spielball der traditionellen politischen Mächte und des sich immer mehr zuspitzenden Kalten Krieges.

In der SBZ verloren die Frauenausschüsse mit ihrer Überführung in den „Demokratischen Frauenbund Deutschlands" (DFD), der am Internationalen Frauentag 1947 in Ostberlin gegründet wurde, ihren halb-amtlichen Charakter.

Zunächst wurde noch Wert auf den überparteilichen Charakter der einzigen zugelassenen Frauenorganisation der SBZ gelegt. Das drückte sich unter anderen in der Wahl Ricarda Huchs zur Ehrenpräsidentin sowie Anne-Marie Durand-Weber und Else Lüders zur Vorsitzenden und zur Stellvertreterin aus. Die eine hatte sich in den 1920er Jahren einen Namen als Sexualreformerin gemacht, die andere gehörte zum radikalen Flügel der alten Frauenbewegung. Doch bald wurde der DFD zu einer Art Vorfeldorganisation der SED.

Als in der DDR für die Wahlen die Einheitslisten der „Nationalen Front" eingeführt wurden, durfte auch der DFD wie andere Massenorganisationen der DDR Kandidatinnen benennen. Doch offensichtlich war der den Frauen zugemessene Stellenwert nicht sehr groß. Bei der Wahl zur Volkskammer 1950 wurde dem DFD 3,7 Prozent zugestanden. Damit war er der „Vereinigung der Verfolgten des Naziregimes" gleichgestellt. Es gab nur eine Organisation, die noch weniger Kandidaten als diese beiden benennen durfte, das waren die Konsumgenossenschaften mit 1,3 Prozent. Mit 5 Prozent waren der „Kulturbund" und die „FDJ" vertreten, der „FDGB" mit 10 Prozent.

Immerhin waren von der zentralen Volkskammer bis zu den kommunalen Volksvertretungen der DDR zu allen Zeiten weit mehr Frauen vertreten als in den parlamentarischen Gremien der BRD. Darin spiegelt sich allerdings auch die andere und geringere Bedeutung, die der Parlamentarismus im politischen System der DDR einnahm, wider. Dort, wo die politischen Entscheidungen getroffen wurden, im Politbüro der SED, dort war während der gesamten vierzig Jahre der DDR keine einzige Frau vertreten.

Im Westen wurden die Frauenausschüsse als Erfüllungsgehilfen der KPD diskreditiert und lösten sich noch vor der Gründung der BRD 1949 auf, wurden verboten oder in traditionelle Bahnen und Formen zurückgeführt. In den westlichen Besatzungszonen hatten sich von Anfang an parallel zu den Frauenausschüssen die alten Frauenorganisationen von vor 1933 neu konstituiert, Berufsverbände wie zum Beispiel der Juristinnenbund, konfessionelle Frauengruppen, die „Staatsbürgerinnen" und viele andere mehr.

1949 schlossen sie sich zum „Deutschen Frauenring" zusammen. Symbolisch für die Kontinuität zum „Bund Deutscher Frauenvereine" wurde dessen letzte Vorsitzende von vor 1933, Agnes Zahn-Harnack, zur stellvertretenden Vorsitzenden des neuen Dachverbandes gewählt. Bereits im Juli 1945 hatte sie selbst in Berlin die bürgerlichen Frauen wieder um sich gesammelt. Diese Gruppe firmierte unter „Wilmersdorfer Frauenbund", weil sie nur in diesem Berliner Bezirk von den Alliierten zugelassen wurde.

Als Vorläufer des seit 1969 existierenden „Deutschen Frauenrats" wurde 1951 der „Informationsdienst für Frauenfragen" als Dachverband ins Leben gerufen. Im Unterschied zu der Zeit vor 1933 war hier mit Frauenvertreterinnen aus den Gewerkschaften und der SPD erstmals auch die proletarisch-sozialdemokratische Frauenbewegung integriert. Ausgeschlossen blieben dem kommunistischen Spektrum zugerechnete Frauenorganisationen. Der gegen den Osten gerichtete Antikommunismus wurde zum tragenden Bindeglied des neuen Dachverbandes der Frauen in der BRD.

Bereits bei der Auflösung der Frauenausschüsse im Westen war die Dominanz der Kommunistinnen ein willkommener Vorwand gewesen. Louise Schroeder, die zu diesem Zeitpunkt Regierungschefin in Berlin war, erklärte, durch die Gründung von Parteien und die wieder funktionierende öffentliche Verwaltung seien die Frauenausschüsse überflüssig geworden. Gleichzeitig appellierte sie an die Frauen, ihre ehrenamtliche Wohlfahrtsarbeit fortzusetzen. Noch drastischer fiel die Begründung in Berlin-Neukölln aus. Zur Normalisierung gehöre die Auflösung von „Nebenregierungen". Es ging also nicht nur um eine Entmachtung der Kommunistinnen, sondern die Zurückdrängung des Fraueneinflusses insgesamt. Die Frauen wurden wieder auf den ihnen traditionell zugestandenen Bereich der Sozialarbeit verwiesen.

Damit war die Restauration des Patriarchats in Ost und West gleichermaßen vollzogen. Mit der Wiederherstellung der alten politischen Strukturen gab es keinen Freiraum mehr für neue politische Modelle wie die Frauenausschüsse. Die Frauen hatten mit der Organisation der Überlebensarbeit ihre Schuldigkeit erfüllt, einen neuen Platz in der Politik hatten sie nicht errungen. Dies lag auch daran, dass die Frauenausschüsse dies kaum versucht hatten. Nur wenige der Frauenausschussaktivistinnen vertraten feministische Positionen, die meisten hatten wohl die Ausnahmesituation überschätzt und Zugeständnisse an die Frauen sowie neue Möglichkeiten in der direkten Nachkriegszeit nicht nur für eine Übergangserscheinung gehalten.

Wie tief verwurzelt traditionelle Frauenbilder noch immer waren, aber auch was Frauen durchsetzen können, wenn sie sich gemeinsam gegen Diskriminierung zur Wehr setzen und für eine Forderung kämpfen, zeigte sich in der Auseinandersetzung um den Gleichstellungsparagraphen in der westdeutschen Verfassung.

Zehn Tage nach der separaten Währungsreform in den Westzonen am 20. Juni 1948 forderten die westlichen Militärgouverneure am 1. Juli 1948 die Ministerpräsidenten der Länder in ihren Besatzungszonen auf, eine verfassungsgebende Versammlung für Westdeutschland einzuberufen. Dreißig Sachverständige – ausschließlich Männer – erstellten in Herrnchiemsee einen Entwurf. Als sich am 1. September der Parlamentarische Rat konstituierte, waren von den 65 Mitgliedern vier weiblich.

Helene Weber, die einzige Frau unter den 27 CDU-Vertretern, war die führende Frau der katholischen Frauenbewegung und hatte 1945 die CDU mitbegründet. Sie hatte bereits 1919 an der Weimarer Verfassung mitgewirkt und von 1919 bis 1933 als Zentrumsabgeordnete im Reichstag gesessen. Die studierte Oberlehrerin war Gründerin und erste Leiterin der „Katholischen Sozialen Frauenschule". Von 1920 bis 1933 war sie als Ministerialrätin im preußischen Wohlfahrtsministerium für die Verbindung zu den „Sozialen Frauenschulen" der Frauenbewegung zuständig. Daraus, dass Gott die Menschen als Adam und Eva geschaffen habe, leitete sie die Ungleichheit der Geschlechter ab, engagierte sich aber aufgrund ihrer konkreten Erfahrungen für „Gleichen Lohn für gleiche Arbeit". Sie sprach immer frei und ließ sich durch nichts aus ihrem Konzept bringen.

Die SPD, die wie die CDU über 27 Mandate im Parlamentarischen Rat verfügte, stellte zwei Frauen. Frieda Nadig, eine der beiden, kam aus der praktischen Sozialarbeit. In NRW war sie Geschäftsführerin der Arbeiterwohlfahrt, dem sozialdemokratischen Pendant zu den bürgerlichen und konfessionellen Sozialangeboten. Unauffällig und bescheiden im Auftreten, wurde sie häufig unterschätzt. Von ihr stammt der Ausdruck „Mütter des Grundgesetzes". Als *Die Neue Zeitung* die Mitglieder des Parlamentarischen Rates unter dem Titel „Die Väter des Grundgesetzes" vorstellte, wies Frieda Nadig darauf hin, dass auch vier „Mütter" darunter seien und monierte gleichzeitig: „Im parlamentarischen Rat ist die deutsche Frau zahlenmäßig viel zu gering vertreten. Das Grundgesetz muss aber den Willen der Staatsbürger, die überwiegend Frauen sind, widerspiegeln."

Die zweite Sozialdemokratin war die Juristin Elisabeth Selbert. „Eine sehr weibliche, zierlich wirkende Erscheinung – auch nicht ein Hauch davon, wie sich die Männer eine

‚Frauenrechtlerin' vorstellen. Eine Dame sprach zu ihnen …".
So beschrieb sie Marianne Feuersenger in ihrem Buch *Die garantierte Gleichberechtigung. Ein umstrittener Weg.* Nach ihrer Heirat 1920 hatte die Telefonistin während zweier Schwangerschaften ihr Abitur nachgeholt und dann – ihre beiden Kinder in der Obhut ihrer Mutter belassend – das Jurastudium und das zweite Staatsexamen absolviert. Ihre Doktorarbeit schrieb sie über die erst fünfzig Jahre später eingeführte Zerrüttung als Ehescheidungsgrund. Gerade noch rechtzeitig, bevor die Nazis die Frauen von der Zulassung zu juristischen Berufen ausschlossen, konnte sie ihre Rechtsanwaltspraxis eröffnen und damit bis 1945 den Lebensunterhalt der Familie erwirtschaften. Ihr Mann, wie sie SPD-Mitglied, war 1933 als Kommunalbeamter aus politischen Gründen entlassen worden. In den Parlamentarischen Rat wurde die Kasslerin nicht vom Hessischen Landtag, sondern vom benachbarten Niedersachsen delegiert. Aus ihren langjährigen Erfahrungen als Anwältin mit dem Familienrecht setzte sie sich für eine völlige rechtliche Gleichstellung der Frauen ein. Sie ging davon aus: „Das Werk der Befreiung muss in erster Linie das Werk der Frauen selbst sein."

Die vierte Frau stammte aus der Zentrumspartei, während die anderen kleinen Parteien – FDP, Deutsche Partei und KPD – nur Männer in den Parlamentarischen Rat entsandt hatten. Das katholische Zentrum hatte mit der Gründung der CDU seine frühere Bedeutung eingebüßt und verfügte nur über zwei Mandate. Dass dennoch eines davon Helene Wessel zugestanden worden war, hatte sie ihrer nicht weniger außergewöhnlichen Funktion als stellvertretende Vorsitzende der Zentrumspartei zu verdanken. Ab 1949 wurde ihr dann sogar der Vorsitz übertragen. Sie war willensstark und von scharfem Verstand, als „einzigen Mann im Bundestag" hat Carlo Schmid sie später bezeichnet. Auch wenn sie spezielle Frauenpolitik für überflüssig hielt, da es in allen politischen

Feldern um die Frauen ginge, befürwortete sie die Einführung einer Quotierung, damit mehr Frauen in politischen Funktionen vertreten seien.

Vor 1933 war Helene Wessel Abgeordnete im Preußischen Landtag gewesen und hatte – wie Helene Weber im Reichstag – im März 1933 der „Ermächtigung" der Nazis zugestimmt. Wie Helene Weber und Frieda Nadig war sie über den Sozialbereich zur Politik gekommen. Statt einen immer größeren Teil des Volkseinkommens für „Minderwertige" auszugeben, die wegen der Unterstützungsleistungen immer mehr Kinder in die Welt setzten, hatte sie Ende der 1920er Jahre die „Bewahrung von Verwahrlosten" gefordert. Zu diesem Thema forschte und veröffentlichte sie auch während der NS-Zeit, wo Hunderttausende so genannter „Asozialer" zwangssterilisiert, in KZs verschleppt und ermordet wurden. In der BRD setzte sie sich weiter für ein „Bewahrungsgesetz" ein.

Auch wenn die Männer in Herrenchiemsee unter sich gewesen waren, hatten sie in den Verfassungsentwurf hineingeschrieben: „Vor dem Gesetz sind alle gleich". Als der Grundsatzausschuss des Parlamentarischen Rates am 5. Oktober 1948 zum ersten Mal über diesen Artikel beriet, kam es zu einer heftigen Auseinandersetzung darüber, ob in die Verfassung der Grundsatz „Gleicher Lohn für gleiche Arbeit" aufgenommen werden sollte.

Während Helene Weber die Lohngleichheit nicht beim Gleichstellungsartikel ansiedeln wollte, sondern „ in einem Paragraphen, wo von der Arbeit oder von dem Sozialaufbau gesprochen wird", wandte sich ihr CDU-Kollege Hermann von Mangoldt gegen eine solche „Konkretisierung" der Gleichbehandlung der Geschlechter: „Es wird befürchtet, dass wir, wenn wir anfangen, nach einer Richtung zu konkretisieren, mit Wünschen bestürmt werden, das nach anderen Richtungen genauso zu konkretisieren."

Dem hielt die SPD-Vertreterin im Grundsatzausschuss, Frieda Nadig, die aktuelle Situation entgegen: „Wir haben das Gros der Frauen, die auf den Gebieten nicht zu ihrem Recht kommen, und eine solche Festlegung in der Verfassung könnte eine wirklich grundsätzliche Änderung bedeuten."

Der Kommentar von Theodor Heuss von der FPD dazu war: „Alle Menschen sind vor dem Gesetz gleich, insbesondere vor der Reichsbesoldungsordnung". Und das Protokoll vermerkte „Heiterkeit".

Als auch der Sozialdemokrat Carlo Schmid vertrat, „dass der Satz von der Gleichberechtigung für Mann und Frau beinhaltet, dass Mann und Frau bei gleicher Arbeit gleichen Lohn bekommen", einigten sich CDU und SPD darauf, solche Details nicht in der Verfassung festzuschreiben. Auf diese im Protokoll festgehaltenen Erläuterungen beriefen sich später Frauen, die gegen ungleiche Entlohnung klagten, vor Gericht und waren damit erfolgreich.

Ebenfalls am 5. Oktober 1948 verständigte sich der Grundsatzausschuss auf folgenden Vorschlag für den Gleichberechtigungsparagraphen: „1. Alle Menschen sind vor dem Gesetz gleich. 2. Männer und Frauen haben dieselben staatsbürgerlichen Rechte und Pflichten. 3. Niemand darf seiner Abstammung, seiner Rasse, seines Glaubens, seiner religiösen Anschauung wegen benachteiligt oder bevorzugt werden." Warum unter Punkt drei fehlte, dass niemand aufgrund des Geschlechts diskriminiert werden darf, sollte wenige Wochen später deutlich werden.

Der von der CDU-Fraktion beauftragte Jura-Professor Richard Thoma erklärte am 25. Oktober 1948, es sei eine Irrlehre, dass alle Menschen vor dem Gesetz gleich seien: „Aufgabe der Gesetzgebung sei …, Gleiches gleich, Ungleiches verschieden … zu behandeln." Und damit Ausnahmen statthaft seien, sollte unter Punkt zwei nach dem Vorbild der

Weimarer Verfassung das Wort „grundsätzlich" eingefügt werden: „Männer und Frauen haben grundsätzlich dieselben staatsbürgerlichen Rechte und Pflichten." Als Begründung verwies er auf die Wehrpflicht, die nur für die Männer gelte.

Am 6. November 1948 beschloss der „Allgemeine Redaktionsausschuss" des Parlamentarischen Rates: „Der Gesetzgeber muss Gleiches gleich, Verschiedenes in seiner Eigenart behandeln."

Welchen Rückschritt dies für die Gleichberechtigung der Frauen bedeutete, versuchte die Juristin Elisabeth Selbert ihren Parteigenossen bei der nächsten SPD-Fraktionssitzung klar zu machen. Statt Diskriminierungen von Frauen Tür und Tor zu öffnen, verlangte sie „kurz und bündig" den unmissverständlichen Satz: „Frauen und Männer sind gleichberechtigt." Dass ausgerechnet Frieda Nadig dagegen Einwände hatte, enthob die SPD-Männer einer eigenen Stellungnahme. Sollten die Frauen das doch unter sich klären.

Die Praktikerin Frieda Nadig befürchtete „ein Rechtschaos", weil diese Formulierung alle Gesetze, die gegen die Gleichstellung der Frau verstießen, außer Kraft setzen würde. Aber genau dies wollte Elisabeth Selbert erreichen. Recht, das „auf dem Patriarchat aufgebaut war", wollte sie überwinden. Erst als sie eine Übergangsregelung vorschlug, nach der alle nicht mit Gleichberechtigungsgrundsatz zu vereinbarenden rechtlichen Bestimmungen bis zum 31. März 1953 geändert werden mussten, konnte sie ihre Kollegin Nadig und die übrige Fraktion für ihren Antrag gewinnen.

Den Antrag Elisabeths Selberts brachte am 30. November 1948 im Auftrag der SPD-Fraktion Frieda Nadig im Grundsatzausschuss ein, wo er jedoch von allen anderen Parteien abgelehnt wurde. „Dann ist das ganze Bürgerliche Gesetzbuch verfassungswidrig", begründete Thomas Dehler das „Nein" der FDP. Die Befürchtungen des CDU-Vertreters Hermann von Mangoldt gingen noch weiter: „Man kann sich nur schlecht vorstellen, dass der Mann, wenn eine Ehe mit Kindern vorhanden ist, die Kinder versorgen soll."

Als der SPD-Antrag am 3. Dezember 1948 im Hauptausschuss zur Verhandlung kam, ergriff Elisabeth Selbert selbst das Wort: „In meinen kühnsten Träumen habe ich nicht erwartet, dass der Antrag im Grundsatzausschuss abgelehnt werden würde." Ihr Hauptargument lautete: „Die Frau, die während der Kriegsjahre auf den Trümmern gestanden und den Mann an der Arbeitsstelle ersetzt hat, hat heute einen moralischen Anspruch darauf, so wie der Mann bewertet zu werden."

Nach der Antragsstellerin sprach Helene Weber für die CDU: „Ich wiederhole, was ich schon im Grundsatzausschuss gesagt habe, auch wir sind für die Gleichberechtigung der Frau." Sie behauptete, dass es keinen Unterschied zwischen den bisherigen Beschlüssen und Elisabeths Selberts Antrag gäbe, den sie deshalb für überflüssig halte.

„Selbstverständlich" begrüßte Max Becker im Namen der FDP „grundsätzlich" den Antrag von Elisabeth Selbert. Aber er hielt ihn für praktisch nicht durchführbar: „Wer hat während des Bestehens der Ehe die gesetzliche Gewalt über die minderjährigen Kinder, der Mann oder die Frau oder beide? Welche Meinung geht vor, wenn sie nicht miteinander übereinstimmen?"

Als die wahren Vertreter der Fraueninteressen versuchten sich die CDU-Abgeordneten Theophil Kaufmann und Hermann von Mangoldt hinzustellen. Auf „Sonderschutzbestimmungen im Interesse der Frau, aufgrund … ihrer besonderen Aufgaben" verweisend, vertraten sie die Auffassung, dass „die Männer auf Grund ihrer Verschiedenheit weniger Recht als die Frauen haben".

Selbst ihr Parteigenosse Carlo Schmid, der Vorsitzende des Grundsatzausschusses, schien Elisabeth Selbert in den Rücken zu fallen: „Es ist klar, dass … die Bestimmungen, die die

Frau in ihren Rechtshandlungen an gewisse Genehmigungen binden, nicht getroffen worden sind, um die Frau zu benachteiligen. Diese Bestimmungen sind getroffen worden, um die Frau zu schützen." Damit bezog er sich auf Regelungen des Bürgerlichen Gesetzbuches wie zum Beispiel: „Die Frau bedarf zur Verfügung über eingebrachtes Gut der Einwilligung des Mannes." Die Frau musste also ihren Ehemann fragen, ob sie sich von ihrer Mitgift oder ihrem Arbeitsverdienst etwas kaufen durfte. Der Mann durfte dagegen ohne Zustimmung seiner Ehefrau deren Geld versaufen.

Im zweiten Teil seiner Rede appellierte Carlo Schmid dann aber an alle, den Frauen den von ihnen erhobenen Anspruch zuzugestehen, „mit der gleichen Verantwortlichkeit und mit der gleichen Fähigkeit für ihre Interessen zu sorgen und durch das Leben zu schreiten [wie die Männer]" und „dass diese fürsorgliche Vormundschaft über sie aufgehoben wird".

In ihrem zweiten Beitrag verwies Elisabeth Selbert darauf, dass die Frauen bei der geplanten Volksabstimmung über die Verfassung eine Zwei-Drittel-Mehrheit besitzen würden. „Alle ‚Aber' sollten hier ausgeschaltet sein, da mit den Stimmen der Frauen als Wählerinnen als denjenigen Faktoren gerechnet werden muss, die für die Annahme der Verfassung ausschlaggebend sind, nachdem wir in Deutschland einen Frauenüberschuss von 7 Millionen haben und wir auf 100 männliche Wähler 170 weibliche Wähler rechnen. Man wird kein Verständnis für unser ‚Aber' haben …"

Mit 9 zu 11 Stimmen wurde ihr Antrag auch im Hauptausschuss abgelehnt. Doch Elisabeth Selbert gab nicht auf: „Wie ein Wanderprediger bin ich von Versammlung zu Versammlung gefahren und habe den Frauen erzählt, was für eine Art Ausnahmegesetz sie zu erwarten hätten, wenn sie nicht dazu beitrügen, den CDU-Antrag zu Fall zu bringen." Ihre Öffentlichkeitskampagne bringt „Waschkörbe voller

Eingaben" an den Parlamentarischen Rat, die sich alle für ihren Antrag aussprechen. Alle weiblichen Abgeordneten der Landesparlamente – außer die von Bayern – unterstützen ihn, die meisten Frauenverbände sprechen sich für ihn aus, Frauenausschüsse und -sekretariate von Gewerkschaften, Firmenbelegschaften und Gemeinden.

Ungewöhnliche Bündnisse kamen zustande. Aus Kiel protestierten Vertreterinnen von SPD und CDU, Christlichen Gewerkschaften und Deutschem Roten Kreuz, Stadträtinnen, Abgeordnete und Ratsherrinnen gemeinsam. „Volle Gleichberechtigung" forderten die „Gemeindevertreterinnen und Mitarbeiterinnen sämtlicher kommunaler Ausschüsse und in voller Einstimmung die volljährige Einwohnerschaft" aus Dörnigheim.

Argumentiert wurde mit der aktuellen Situation. Es wurde darauf verwiesen, dass der Krieg nicht „von Frauen angezettelt" worden sei, auf Millionen von Frauen ohne männliches Familienoberhaupt und -ernährer, vor allem aber auf die Aufbauleistung der Frauen: „Sollte es dem hohen Hause nicht bekannt sein, dass in den Betrieben durch Entbehrung abgehärmte jugendliche Frauen von 15 Jahren in harter Akkordarbeit das Brot für ihre kranken Mütter und kleineren Geschwister verdienen und somit Hausherrenpflichten übernehmen müssen?"

Eine Drittelquotierung für Bundestag, Landtage, Gemeinden, alle Gremien der öffentlichen Verwaltung und Gerichte forderte die Referentin des Kieler Innenministeriums Hildegard Krüger. Andere machten konkrete Vorschläge für die schwierige Alltagssituation wie zum Beispiel Dorothea Klaje: „Um den Frauen ihre Aufgabe zu erleichtern, wäre es zweckmäßig, wenn sich immer zwei Mütter zusammenschlössen, von denen die eine den Haushalt versorgt, während die andere einem außerhäuslichen Beruf nachgeht." Diese „Mütterfamilien" sollten staatlich gefördert werden.

Am 18. Januar 1949 wurde der Gleichberechtigungsgrundsatz in zweiter Lesung im Hauptausschuss des Parlamentarischen Rates beraten. Während die CDU unter dem
Eindruck der „zahlreichen Eingaben" eingestand: „Wir haben
hier einen Fehler begangen, ... wir haben die Dinge zu juris-
tisch und zu wenig politisch gesehen", versuchte Theodor
Heuss von der FDP den Frauenprotest herunterzuspielen
und als einseitig darzustellen:

„Ich bin kein Fachmann für Meteorologie. Infolge-
dessen weiß ich nicht genau, wie man Stürme macht oder wie
sie entstehen. Aber man muss offenbar das, was in den
Zeitungen und Zeitschriften drin war, als Sturm ansehen,
während es doch nur ein wild gewordenes Missverständnis
ist ... Denn diese Probleme haben wir alle durchgeredet. Da
waren keine Unterschiede ... Beim Wort ‚Gleichberechtigung' haben auch sozialdemokratische Juristen ein bisschen
Bauchweh bekommen wegen der unmittelbaren Auswirkungen dieser Dinge ... Wir sind der Meinung, dass der kom-
mende Gesetzgeber eine sehr diffizile Aufgabe haben wird,
damit diese Gleichberechtigung nicht irgendwie zum Nachteil
der Frau interpretiert werden kann ... Jede verständige Frau
– es gibt eigentlich eine ganze Anzahl davon – mit der ich
darüber geredet habe, war der Meinung, dass die Auswirkung
des Satzes sehr fatale Situationen auch für Frauen enthalten
könne."

Warum er und seine Partei, die FDP, dennoch dem
Antrag von Elisabeth Selbert ihre Zustimmung gaben, verriet
Theodor Heuss nicht: „Aber ich möchte nicht draußen
unwidersprochen den Eindruck entstehen lassen, dass jetzt
dieses Quasi-Stürmlein uns irgendwie beeindruckt und uns zu
einer Sinnwandlung veranlasst hat."

Einstimmig wurde die bisher abgelehnte Formulierung
„Frauen und Männer sind gleichberechtigt" vom Parlamentarischen Rat angenommen.

Die Gunst der Stunde nutzend, erklärte Helene Wessel: „Wenn wir diesen Artikel jetzt in dieser Form annehmen, dann hat das nicht nur Auswirkungen gesetzlicher Art. Ich möchte gerade gegenüber den Männern, die jetzt so begeistert für die Gleichberechtigung der Frau im staatsbürgerlichen Recht eingetreten sind, die Hoffnung aussprechen, dass sie sich mit derselben Begeisterung auch für die Förderung der Frau im politischen Raum einsetzen werden. (Dr. Strauß/CDU: Das haben wir auch in der Vergangenheit schon gemacht, Frau Wessel! Renner/KPD: Haben die Frauen das nicht selber in der Hand?) … Es ist eine Tatsache, die nicht wegzuleugnen ist, dass unter den 65 Mitgliedern dieses Parlamentarischen Rates 4 Frauen sind. Deshalb ist es … mein Anliegen, dass wir ein Wahlgesetz schaffen, dass den Frauen nicht nur die staatsbürgerliche Gleichberechtigung sichert, ihnen nicht nur nach dem Grundgesetz das aktive und passive Wahlrecht zuerkennt, sondern dass wir auch in der Form des Wahlmodus die Möglichkeit schaffen, die Frauen entsprechend ihrer Zahl und ihren Fähigkeiten, die sie immerhin seit 1919 im politischen Leben bewiesen haben, zu berücksichtigen." In ihrer eigenen Partei, dem Zentrum, hatte sie bei dessen Neugründung eine 20-Prozent-Quotierung für Frauen durchgesetzt.

„Ich hatte gesiegt", erklärte Elisabeth Selbert in einem späteren Interview: „Ich weiß nicht, ob ich Ihnen das Gefühl beschreiben kann, das ich in diesem Augenblick gehabt habe. Ich hatte einen Zipfel der Macht in meinen Händen gehabt … es war die Sternstunde meines Lebens, als die Gleichberechtigung der Frau zur Annahme kam."

Es war auch eine Sternstunde des außerparlamentarischen Protestes. Weil die Parteien nach dem Proteststurm der Frauen befürchten mussten, dass ihre Verfassung bei der geplanten Volksabstimmung an der weiblichen Stimmenmehrheit scheitern würde, wenn sie nicht die von den Frauen gewünschte Formulierung zur Gleichberechtigung enthielt, hatten die bürgerlichen Fraktionen ihre Opposition aufgegeben. Der beabsichtigte Volksentscheid über das westdeutsche Grundgesetz wurde schließlich mit Verweis auf die baldige Wiedervereinigung ausgesetzt und fand nie statt.

Einen Tag nach ihrem Sieg erklärte Elisabeth Selbert in einer Rundfunkansprache: „Dieser Tag war ein geschichtlicher Tag, eine Wende auf dem Weg der deutschen Frauen der Westzonen … Es ist nicht das falsche Pathos einer Frauenrechtlerin, das mich so sprechen lässt. Ich bin Juristin und unpathetisch, und ich bin Frau und Mutter und zu frauenrechtlerischen Dingen gar nicht geeignet … Ich spreche aus dem Empfinden einer Sozialistin heraus, die nach jahrzehntelangem Kampf um diese Gleichberechtigung nun das Ziel erreicht hat."

Doch damit unterschätzte sie die Schwierigkeiten, Widerstände und Rückschläge, die bei der praktischen Umsetzung des Gleichberechtigungsgrundsatzes der Verfassung auftraten. Unter den konservativen Regierungen von Adenauer und Erhard war auch die Frauenpolitik mehr von Rollback als Fortschritten bestimmt.

Das Beamtengesetz, das der erste Bundestag 1950 verabschiedete, enthielt wieder einen „Doppelverdiener"-Paragraph, der es wie in der Weimarer Republik gestattete, verheiratete Frauen zu entlassen. Viele Frauen diskriminierende Gesetze wie zum Beispiel der so genannte „Stichentscheid" des Ehemannes und Vaters bei Uneinigkeit des Ehepaares bzw. der Eltern wurden erst auf Intervention des Bundesverfassungsgerichts geändert. Andere wie das Recht des Ehemannes, den Arbeitsvertrag seiner Ehefrau fristlos zu kündigen, wenn er der Auffassung war, dass seine Ehefrau ihre als vorrangig geltenden hausfraulichen Pflichten vernachlässigt habe, wurden erst 1977 mit der Reform des Familienrechts außer Kraft gesetzt.

Elisabeth Selbert war es weder im Bundestag noch als Justizministerin und auch nicht als Bundesverfassungsrichterin vergönnt, für die Umsetzung ihres Gleichberechtigungsartikels zu wirken. Die hessische SPD hatte dieser durch ihre Kampagne berühmt gewordenen Frau bei den ersten Bundestagswahlen einen Direktwahlkreis verweigert und sie auf ihrer Liste soweit hinten platziert, dass sie kein Mandat bekam. Auch Forderungen, sie zur Justizministerin in Hessen zu machen, kam die SPD nicht nach. Ebenso scheiterte 1958 der Vorschlag, sie zur Richterin am Bundesverfassungsgericht zu wählen, an ihrer eigenen Partei. Hintenrum wurde ihr der Grund zugetragen: „Du warst vielen unserer Leute und auch anderen Leuten politisch zu profiliert."

1949 hatte Kurt Schumacher verhindert, dass das höchste Amt der Bundesrepublik mit einer Frau besetzt wurde. Die CDU hatte der SPD signalisiert, dass sie Louise Schroeder, die sich als Oberbürgermeisterin Berlins große Anerkennung erworben hatte, unterstützen würde, wenn die SPD sie nominieren würde. Doch der Vorsitzende der SPD, Kurt Schumacher, hatte auf seiner eigenen Kandidatur bestanden. Daraufhin hatte die CDU ihre Stimmen Theodor Heuss gegeben, obwohl es religiöse Bedenken der Christdemokraten gegen den FDP-Mann gab. Konrad Adenauer hatte erklärt: „Der Glauben von Elly Heuss-Knapp reicht für beide." Warum aber wurde dann ihr Ehemann und nicht Elly Heuss-Knapp selbst zur Bundespräsidentin gewählt?

Erst 1961 gelang es Helene Weber bei der Neubildung der Bundesregierung in der CDU, eine Bundesministerin durchzusetzen. Elisabeth Schwarzhaupt wurde Ministerin für Gesundheit. Die Schaffung eines Frauenressorts hatten die CDU-Frauen selbst abgelehnt, weil sie seine Bedeutungslosigkeit befürchteten. Der Anteil der Frauen im Bundestag ging von einer Wahlperiode zur nächsten immer weiter zurück. Den absoluten Tiefpunkt erreichte er mit 5,8 Prozent 1972, als sich längst eine neue Generation von jungen Frauen auf den Weg der Emanzipation gemacht hatte. Nach den Wahlen 1972 übernahm mit Annemarie Renger erstmals eine Frau das Amt der Bundestagspräsidentin.

„Das Private ist politisch" –

Eine neue Frauenbewegung

Am 13. September 1968 flogen während eines SDS-Kongresses in Frankfurt am Main mehrere Tomaten auf die Männer im Podium. Bevor Sigrid Rüger die Tomaten warf, hatte sie erklärt, wenn sich die Männer des SDS-Vorstands gegenüber den Frauen wie das Establishment verhalten würden, dann müssten sie auch wie dieses behandelt werden. Tomaten und Eier waren die Wurfgeschosse der neuen außerparlamentarischen Bewegung, mit denen sie bei ihren Protestaktionen ihre Gegner symbolisch traktierte.

Solche Provokationen garantierten Medienaufmerksamkeit. Diese Aufmerksamkeit wurde nun auch erstmals den Frauen zuteil. Süffisant stürzten sich *Stern, Spiegel, Zeit* und andere Medien auf den „Geschlechterclinch" unter den „Weltverbesserern". Sigrid Rüger hatte verhindern wollen, dass der „Sozialistische Deutsche Studentenbund" ohne Diskussion zur Tagesordnung überging, nachdem zum ersten Mal bei einem seiner zentralen Kongresse eine Frau zur Frauenfrage gesprochen hatte.

Nach der Erreichung der Vollbeschäftigung waren nicht nur ausländische Arbeitskräfte angeworben, sondern durch Bildungsreformen auch die Hochschulen für neue soziale Schichten und junge Frauen zugänglicher worden. Mit der Parole „Unter den Talaren, der Muff von tausend Jahren" entwickelte sich studentischer Protest gegen die alten Hierarchien und verkrustete Inhalte nicht nur an den Universitäten. Die APO, eine außerparlamentarische Opposition, wandte sich gegen Demokratieabbau durch die „Notstandsgesetze" der Großen Koalition. Außerdem fanden Demonstrationen gegen die Kriegsführung der USA in Vietnam statt.

An dieser Studentenbewegung, dessen Zentrum der „Sozialistische Deutsche Studentenbund" bildete, waren Frauen von Anfang an maßgeblich beteiligt. Die Tomatenwerferin Sigrid Rüger selbst war langjährige SDS-Aktivistin und Mitglied im Berliner SDS-Vorstand. Doch auch in neuen Wohngemeinschaften und Kommunen blieben die Frauen neben Studium, Verdienen des Lebensunterhalts und Politik weiter zuständig für Küche und Kinder. Traditionelle Arbeitsteilung spielte in den Debatten und bei den angestrebten Veränderungen ebenso wenig eine Rolle wie andere Geschlechterfragen. „Dass man einen bestimmten Bereich des Lebens vom gesellschaftlichen abtrennt, ihn tabuisiert, indem man ihm den Namen Privatleben gibt", war der zentrale Kritikpunkt in der Rede von Helke Sander auf dem SDS-Kongress im September 1968.

„Frauen suchen ihre Identität. Durch Beteiligung an Kampagnen, die ihre Konflikte nicht unmittelbar berühren, können sie sie nicht erlangen. Das wäre Scheinemanzipation. Sie können sie nur erlangen, wenn die ins Privatleben verdrängten gesellschaftlichen Konflikte artikuliert werden, damit sich dadurch die Frauen solidarisieren und politisieren. Die meisten Frauen sind unpolitisch, weil Politik bisher immer einseitig definiert worden ist und ihre Bedürfnisse nie erfasst wurden." Damit hatte Helke Sander den politischen Grundsatz der Neuen Frauenbewegung formuliert: „Das Private ist politisch".

Helke Sander sprach als Vertreterin des „Aktionsrat zur Befreiung der Frau", der sich im Januar 1968 in Westberlin konstituiert und dem sich innerhalb weniger Monate Hunderte von Frauen angeschlossen hatten. Ausgehend von ihrer Doppel- und Dreifachbelastung als Studentinnen, Erwerbstätige, Hausfrauen und Mütter hinterfragten sie ihre Situation und das traditionelle Geschlechterverhältnis und suchten nach praktischen Lösungen. So entstanden – nicht

nur als Reaktion auf das mangelnde öffentliche Kinder-
betreuungsangebot – die Kinderläden, deren antiautoritärer
Ansatz traditionelle Erziehungskonzepte ebenso infrage
stellte wie die geschlechtsspezifische Sozialisation. Bis zum
Herbst 1968 hatten die Frauen bereits fünf Kinderläden ins
Leben gerufen.

Unter der „Voraussetzung, dass der Verband die spezi-
fische Problematik der Frauen begreift, was nichts anderes
heißt, als jahrelang verdrängte Konflikte endlich im Verband
zu artikulieren", hielten die Frauen vom „Aktionsrat" eine
Zusammenarbeit mit „progressiven Organisationen" wie dem
SDS für möglich. Um die aus ihrer Sicht nötige Diskussion
und „Neuorientierung" in Gang zu bringen, hatten sie Helke
Sander als ihre Rednerin auf die Tagesordnung des SDS-
Kongresses vom September 1968 gebracht. Ihr Beitrag war
vor der Mittagspause angesetzt worden, danach sollte zum
üblichen Programm übergegangen werden. Durch diese
Rechnung machte der Tomatenwurf von Sigrid Rüger einen
Strich. Nach einem allgemeinen Tohuwabohu kam es doch
noch zu einer Debatte, an der sich allerdings nur Frauen
beteiligten.

Noch während des Kongresses wurden weitere Frauengruppen wie zum Beispiel der Frankfurter „Weiberrat"
gegründet. Die Frauen hatten erkannt, dass sie nicht auf die
Unterstützung der Männer setzen konnten, sondern sich als
Frauen unabhängig von den Männern organisieren mussten,
wenn sie in eigener Sache etwas bewegen wollten.

So wurde der SDS-Kongress zur Geburtsstunde der
autonomen Frauenbewegung. „Das ist keine Isolation, die
mit der Illusion verbunden ist, man könne sich auch unabhängig von den Männern emanzipieren, sondern der notwendige erste Schritt, seine eigenen Bedürfnisse zu artikulieren",
erklärten Frauen dazu in einer Resolution auf dem nächsten
SDS-Kongress.

Kam die feministische Literatur wie Simone de Beauvoirs *Das andere Geschlecht* oder Betty Friedans *Weiblichkeitswahn* zunächst überwiegend aus dem westlichen Ausland, stammte von dort auch das Vorbild für die Aktion, die aus den zunächst überwiegend studentisch-intellektuellen Frauengruppen wirklich eine breite Bewegung machte. „Wir haben abgetrieben und wir fordern das Recht auf freie Abtreibung für jede Frau!", hatten im April 1971 343 Französinnen öffentlich erklärt.

Angeregt von Alice Schwarzer, die damals als Korrespondentin in Paris arbeitete, kamen auch in der Bundesrepublik innerhalb weniger Wochen Hunderte von Unterschriften unter eine Selbstbezichtigung zusammen. Am 6. Juni bekannten 374 Frauen im „Stern", dass sie abgetrieben hätten und forderten die ersatzlose Streichung des § 218. Einige davon waren prominente Schauspielerinnen wie Senta Berger und Romy Schneider, die meisten unbekannte Hausfrauen, Sekretärinnen und Arbeiterinnen.

„Was auf diesen Seiten geschieht, ist kein Aufstand gegen das Recht, sondern ein Protest gegen die Verlogenheit eines Paragraphen, an den selbst die Richter nicht mehr glauben. Der Paragraph verbietet, was Hunderttausende von Frauen tun. Er ist schuld daran, dass sie es heimlich tun und dass sie ihr Leben dabei in Gefahr bringen. Nun stehen 374 Frauen auf und fordern Staatsanwälte und Richter heraus: ‚Wir haben abgetrieben – klagt uns an, sperrt uns ein, wenn ihr den Mut dazu habt!'"

Nach nur einem Monat lagen 86.000 Solidaritätserklärungen vor. Es gab Hausdurchsuchungen gegen Unterstützerinnen, aber zu Anklagen und Verurteilungen kam es nicht. 1974 beschloss der Bundestag eine Fristenlösung, die 1975 durch das Bundesverfassungsgericht kassiert wurde. Als Kompromiss wurde 1976 die soziale Indikation eingeführt. Das Selbstbestimmungsrecht, das Frauen mit Parolen wie „Mein Bauch gehört mir!" gefordert hatten, blieb ihnen mit dieser halbherzigen Lösung weiter vorenthalten. Auch die neue Frauenbewegung war auf Selbsthilfe angewiesen.

Das Aufsehen, das die Selbstbezichtigungskampagne ausgelöst hatte, führte viele Hilfesuchende zu den Aktivistinnen. Fahrten nach Holland sowie Karteien mit Ärzten und Ärztinnen wurden organisiert, über Verhütung und Sexualität, Sexismus und Gewalt gegen Frauen diskutiert. Aus den Selbsterfahrungsgruppen gingen Frauengesundheitszentren und Frauenhäuser, Notrufe und Nachttaxis sowie zahlreiche weitere Frauenprojekte hervor.

Mit Frauenzentren, -cafés, -buchläden, -verlagen und -zeitungen sowie feministischer Literatur entstand eine eigene frauenpolitische Öffentlichkeit. Zur breiten feministische Gegenkultur gehörten Frauenfeste, eigene Lieder, Selbstverteidigungskurse, Sommeruniversitäten, feministische Geschichtsaufarbeitung etc. Alternative Formen der politischen Einmischung wurden entwickelt bzw. von der Studentenbewegung und APO übernommen wie z. B. Go-ins bei Miss-Wahlen und in Pornoläden.

Dabei war sich die Neue Frauenbewegung keineswegs immer einig. Insbesondere die Debatte um die Forderung „Lohn für Hausarbeit" spaltete die Protagonistinnen. Während die einen damit den Blick wieder auf die noch immer zum größten Teil auf den Frauen lastende unbezahlte private Reproduktionsarbeit lenken wollten, prangerten die anderen diese Parole als rückwärtsgewandte Festschreibung der traditionellen Arbeitsteilung zwischen den Geschlechtern und der Frauen auf den Hausfrauenstatus an.

Heftige inhaltliche Kontroversen gab es immer wieder auch zur Frage der Zusammenarbeit mit sozialistischen Gruppierungen sowie Männern überhaupt. Abspaltungen und neue Gruppierungen wie der „Sozialistische Frauenbund

Westberlin" oder das „Lesbische Aktionszentrum", das sich ebenfalls in Westberlin gebildet hatte, waren die Folge.

Im März 1972 traf sich die Neue Frauenbewegung erstmals bundesweit. Aufgerufen zum ersten „Bundesfrauenkongress" hatten die Frauen der „Aktion 218", doch die Themenpalette der rund 450 Teilnehmerinnen aus mehr als vierzig verschiedenen Gruppen ging weit darüber hinaus. In vier Arbeitsgruppen diskutierten die Frauen außer dem Abtreibungsparagraphen über „die Selbstorganisation der Frauen", die „Situation der erwerbstätigen Frauen" und die „Funktion der Familie in der Gesellschaft".

Dass der Frauenkongress auch gegen die Berufsverbote protestierte, zeigte die Verbindung der Neuen Frauenbewegung mit anderen politischen Auseinandersetzungen. Feministinnen bildeten einen wichtigen Teil der neuen sozialen Bewegungen der 1970er und 1980er Jahre. Egal, ob es sich um eine Demonstration der Öko-, der Antiatomkraft-, der Friedens- oder Hausbesetzungsbewegung handelte, immer gab es einen Frauenblock bzw. traten Frauengruppen mit ihren speziellen Parolen auf. Die Frauen entwickelten eigene Aktivitäten im Rahmen der jeweiligen Bewegung. Mit der Besetzung von Häusern meldeten sie Anspruch auf Frauenräume an und versuchten, Frauenwohngemeinschaften und Frauenprojekte zu verwirklichen.

Da alle Versuche, Frauenparteien zu gründen, regelmäßig an der geringen Resonanz gescheitert waren, hofften große Teile der Frauenbewegung auf die „Grünen", als diese sich aus den sozialen Bewegungen heraus 1980 als Partei formierten. Forderungen der Neuen Frauenbewegung konnten im Parteiprogramm der „Grünen" verankert werden. In den Vorständen und auf den Wahllisten konnten die Frauen nicht nur die Hälfte der Plätze, sondern auch die Spitzenpositionen erringen. Als die „Grünen" 1983 erstmals in den Bundestag einzogen, bestand nicht nur deren Fraktion mehrheitlich aus Frauen. Sie brachten auch die Themen der Neuen Frauenbewegung in den Bundestag und forderten ein neues Politikverständnis. Waltraud Schoppe erklärte in ihrer ersten Bundestagsrede: „Wir bewegen uns in einer Gesellschaft, deren Lebensverhältnisse normiert sind, auf Einheitsmoden, Einheitswohnungen, Einheitsmeinungen und Einheitsmoral ..., was dazu geführt hat, dass sich Menschen abends hinlegen und vor dem Einschlafen eine Einheitsübung vollführen, wobei der Mann meist eine fahrlässige Penetration durchführt. Fahrlässig, weil die meisten Männer keine Maßnahmen zur Schwangerschaftsverhütung ergreifen ... Erst später greifen Männer als Hüter der Moral wieder ein, indem sie Strafgesetze machen ... Eine wirkliche Wende wäre es, wenn hier oben zum Beispiel ein Kanzler stehen und die Menschen darauf hinweisen würde, dass es Formen des Liebesspiels gibt, die lustvoll sind und die Möglichkeit einer Schwangerschaft ausschließen ... Wir fordern Sie alle auf, den alltäglichen Sexismus hier im Bundestag einzustellen."

Während solche politischen Appelle wenig Gehör fanden, wurde die in den Statuten der „Grünen" verankerte Quotierung zum Vorbild für Frauen in anderen Parteien. Als einzige andere Partei hat „Die Linke" – wie ihre Vorläuferin, die „PDS" –, eine 50-Prozent-Quote. Die SPD führte 1988 eine 40-Prozent-Regelung ein. Die CDU folgte 1996 mit dem so genannten Quorum, das ein Drittel der Ämter und Mandate für Frauen vorsieht, während die FDP die Quotierung nach wie vor als bürokratische Maßnahme ablehnt. Die Quotierung hat dazu geführt, dass heute immerhin ein Drittel der Bundestagsabgeordneten weiblich ist. Quoten für andere politischen und gesellschaftlichen Bereiche – Regierungen, Professuren, Leitungsfunktion, Arbeitsplätze etc. – wurden in Deutschland bis heute vergeblich gefordert.

Die Auswirkungen der Neuen Frauenbewegung auf die traditionelle Politik und die traditionellen Frauenverbände, die sich in den sechziger Jahren im Wesentlichen auf Sozial- und Lobbyarbeit beschränkten, machten sich nicht nur beim Abtreibungsparagraphen oder der Quote bemerkbar. Gegen nicht unerhebliche innerparteiliche Widerstand wurde 1972 die „Arbeitsgemeinschaft sozialdemokratischer Frauen" gegründet. Gewerkschaftsfrauen initiierten und unterstützten Prozesse, bei denen es um „Gleichen Lohn für gleiche Arbeit" ging. 1977 trat ein neues Familienrecht in Kraft.

Um alte und neue Frauenbewegung miteinander ins Gespräch zu bringen, führte die Evangelische Akademie 1974 und 1975 zwei Tagungen durch. Die Notwendigkeit einer Zusammenarbeit wurde folgendermaßen begründet: „Die Gruppen der neuen Frauenbewegung haben den Zugang zur Basis; die zum großen Teil personal ausblutenden, traditionellen Frauenverbände haben den Zugang zur Spitze, zu den Geldtöpfen, zu den politischen Machtzentren." Doch noch waren die Unterschiede unüberwindlich. Während die einen darauf beharrten, sich im Rahmen der bestehenden gesellschaftlichen Institutionen für die Interessen der Frauen einzusetzen, hielten die anderen an ihrer Autonomie von Staat und traditionellen Institutionen fest. Antikommunismus verhinderte 1977 in Westberlin die Teilnahme der traditionellen Frauenorganisationen an einer Konferenz, die von Feministinnen der autonomen Frauen- und Lesbenbewegung gemeinsam mit einzelnen Vertreterinnen traditioneller Frauenverbände organisiert worden war. Die Feministinnen galten den anderen als zu links – und umgekehrt.

1976 war das erste Berliner Frauenhaus zur Aufnahme von Frauen und Kindern, die von ihren Ehemännern bzw. Vätern misshandelt wurden, eröffnet worden. Das Frauenhaus sollte den Frauen nicht nur Schutz bieten, sondern sie auch zu einem neuen Lebensweg ermutigen und dabei unterstützen. Als Modellversuch wurde es zu 80 Prozent vom Bund und zu 20 Prozent vom Westberliner Senat gefördert.

Gegen eine staatliche Einmischung in Form direkter Kontrolle der betroffenen Frauen hatten sich die Betreiberinnen erfolgreich verwahren können.

Der Erhalt der „Staatsknete" und von ABM-Stellen war allerdings an Bedingungen geknüpft. Es mussten Vereine gegründet und Vorstände gewählt, Anträge, Abrechungen, Arbeitsnachweise und Berichte verfasst werden. Während die erste Generation der in den Frauenprojekten Aktiven noch die Autonomie aufrecht zu erhalten suchte, trat in den folgenden Jahren immer mehr die Professionalisierung in den Vordergrund. Diejenigen, die in den 1990er Jahren in den Projekten arbeiteten, kannten die politischen Ideen und Auseinandersetzungen häufig gar nicht mehr.

Öffentliche Förderung der Frauenprojekte war nur ein Bereich, in dem sich in den 1980er Jahren die Institutionalisierung der Neuen Frauenbewegung niederschlug. Frauenbeauftragte, Frauenministerien, Frauenförderung, Frauenprofessuren usw. sind Erfolge der Neuen Frauenbewegung. Doch Bewegung und Institution sind Widersprüche an sich. Mit dem Beschreiten immer neuer Bahnen blieb von der Bewegung immer weniger übrig.

Befördert wurde dieser Prozess nicht zuletzt durch die so genannte „Wende" in der DDR und den Anschluss der Neuen Bundesländer an die BRD 1990. Es gelang der Frauenbewegung aus dem Westen weder das Bündnis mit der oppositionellen Frauenbewegung der DDR – dazu waren die Erfahrungen zu unterschiedlich –, noch weitergehende frauenpolitische Errungenschaften aus der DDR zu erhalten – wie die Fristenlösung im Abtreibungsrecht oder die hohe Frauenerwerbsquote. Auch viele westdeutsche Frauen verloren mit dem Niedergang der realsozialistischen Staaten eine politische Utopie.

Neue Impulse und Tendenzen kamen in den 1990er Jahren aus den USA und dem europäischen Ausland. Ausgelöst durch den Gender-Diskurs wurden an den Universitäten Gender-Studies eingerichtet und Gender Mainstreaming als Richtlinie für die Politik propagiert. Mit der Gender-Debatte wird infrage gestellt, dass es eine aus dem Geschlecht abgeleitete Frauenpolitik geben könne. Dabei wird nicht nur auf Differenzen unter den Frauen verwiesen. Gender wird als gesellschaftlich konstruierte Kategorie gesehen und deren Auflösung tritt als Ziel an die Stelle der Gemeinsamkeit des Frauseins als Bezugspunkt einer feministischen Emanzipationsstrategie.

In der Praxis verdrängt die Familienpolitik die Frauenpolitik. So wurde aus der Bundesfrauenministerin wieder die Bundesfamilienministerin. In mehreren Ländern ist das Frauenressort inzwischen Männern unterstellt wie zum Beispiel in Berlin. Auch die wenigen übrig gebliebenen staatlich geförderten Frauenprojekte betreiben in der Regel keine Politik mehr. Sie nehmen soziale Aufgaben wahr, um die sich eigentlich der Staat selbst kümmern müsste. Und für die jungen Frauen sind die Errungenschaften der Frauenbewegung selbstverständlich. Während ihrer Ausbildung machen sie nur noch selten Diskriminierungserfahrungen, im Erwerbsleben und mit Familie bleibt ihnen wenig Zeit, sich für politische Veränderungen zu engagieren.

„Amazonenherrschaft" –

Die Bundeskanzlerin

Am 22. November 2005 wurde Angela Merkel zur ersten Kanzlerin der Bundesrepublik Deutschland gewählt. Als Pfarrerstochter in der DDR aufgewachsen und als einzige Frau in einem naturwissenschaftlichen Forschungsteam an der Akademie der Wissenschaften der DDR tätig, soll sie, wie eine ihrer zahlreichen Biografien behauptet, gelernt haben, sich in einem potenziell feindlichen Umfeld zu bewegen und durchzusetzen. Ihr politisches Engagement begann dagegen erst nach der so genannten Wende in der DDR 1989. Wie so viele andere auch machte sie in dieser Umbruchzeit schnell politisch Karriere. Aber anders als die meistern, die ebenso schnell wieder von der politischen Bühne verschwanden, gelang es der Ostdeutschen Angela Merkel, im wiedervereinigten westdominierten Deutschland zur Regierungschefin aufzusteigen.

Im Dezember 1989 hatte Angela Merkel als EDV-Administratorin bei der Einrichtung eines Büros des „Demokratischen Aufbruchs" ehrenamtlich mitgeholfen. Hauptamtlich arbeitete sie ab Februar 1990 für dessen Vorsitzenden Wolfgang Schnur als Wahlkampfhelferin. Ihren ersten großen öffentlichen Auftritt hatte sie bei der Pressekonferenz, auf der der Vorstand des DA wenige Tage vor den letzten Wahlen in der DDR im März 1990 den Rücktritt von Schnur wegen dessen Stasi-Verstrickungen erklärte. Durch die Beteiligung des DA an der letzten DDR-Regierung unter Lothar de Maizière avancierte sie zur stellvertretenden Regierungssprecherin.

Als solche war sie für die Zwei-Plus-Vier-Verhandlungen zur deutschen Wiedervereinigung zuständig. Dadurch lernte sie sowohl den DDR-Verhandlungsführer Günter Krause als auch dessen bundesdeutsches Pendant Wolfgang Schäuble persönlich kennen, zwei Bekanntschaften, die sich für ihr weiteres politisches Fortkommen als sehr wichtig erweisen sollten.

Nach der Vereinigung der DDR mit der BRD und des DA mit der Ost-CDU verschaffte Günther Krause, Landesvorsitzender der CDU in Mecklenburg-Vorpommern, Angela Merkel einen Wahlkreis für die Bundestagswahlen. Mit 48,5 Prozent der Stimmen gewann sie das Direktmandat und zog als Abgeordnete in den Bundestag ein.

Bundeskanzler Helmut Kohl bot ihr Ende 1990 das Ressort für Jugend und Frauen in der neuen Bundesregierung an. Damit begann ihre steile politische Karriere: 1991 stellvertretende CDU-Bundesvorsitzende, 1994–1998 Bundesumweltministerin, danach Generalsekretärin und ab 2000 CDU-Bundesvorsitzende.

Bei den Bundestagswahlen 2002 verzichtete sie zugunsten von Edmund Stoiber auf die Spitzenkandidatur. Nachdem dann die rot-grüne Bundesregierung 2002 die Wahl knapp gewonnen hatte, übernahm sie auch den Vorsitz der CDU-/CSU-Bundestagsfraktion und konnte als Spitzenkandidatin ihrer Partei die Wahlen im September 2005 für sich entscheiden, allerdings mit solch knapper Mehrheit, dass eine große Koalition mit dem Wahlverlierer SPD gebildet werden musste.

Auch wenn Angela Merkel durchaus namhafte Vorläuferinnen und Kolleginnen hatte und hat – von Indira Gandhi über Golda Meir, Margaret Thatcher, Benazir Bhutto bis zu Gro Harlem Brundtland, Michelle Bachelet oder Christina Kirchner –, gelten Frauen in solch einer politischen Spitzenfunktion weiterhin als Ausnahme, wie die Debatten der Medien und die Reaktionen der männlichen Kollegen um ihre Person zeigten.

„Kann die das?", wurde nach der Bekanntgabe von Angela Merkels Kandidatur zur Bundeskanzlerin gefragt. Wie vor mehr als zweihundert Jahren, als mit der französischen Revolution die modernen bürgerlichen Staaten begannen und Frauen aus der Politik ausgeschlossen wurden, wird ihnen wegen ihres Geschlechts immer wieder die Politikfähigkeit abgesprochen. Jede Einzelne muss aufs Neue beweisen, dass sie trotz ihres Geschlechts wie Männer Politik macht, dass sie die männliche Politik nicht infrage stellt und zu ändern versucht.

Die politische Sprache, in der militärische Begriffe wie Wahlkampf und Wahlkämpfer, Wahlkampfduelle und Redeschlachten, Angreifer und Verteidiger, Sieger und Verlierer, politischer Gegner und Oppositionsführer dominieren, entlarvt das herrschende Politikverständnis. In diesem politischen Kampf zu bestehen und sich durchzusetzen, wird den nach dem traditionellen Geschlechterbild schwachen Frauen nicht zugetraut. Weil allerdings die reale Politik bürokratischer geworden, der häufigste Politikertypus inzwischen der Bürokrat ist, und auch immer weniger Politiker dem Bild des starken und charismatischen Mannes entsprechen, ist die Chance von Frauen auf politische Führungsämter erheblich gestiegen.

Wie schwer es Männern fällt, Frauen als Siegerinnen zu akzeptieren, konnten Millionen live am Abend der Bundestagswahl 2005 bei der so genannten Elefantenrunde erleben. Der abgewählte Bundeskanzler Gerhard Schröder deutete nicht nur seine Stimmverluste in einen Wahlsieg um, sondern leitete aus dem eindeutig gegen ihn sprechenden Wahlergebnis seinen erneuten Anspruch auf das Amt des Regierungschefs ab. Das wiederholte er unablässig und alle niederbrüllend. Hätte er sich genauso verhalten, wenn sein Gegner ein Mann gewesen wäre? Politische Spielregeln gelten offensichtlich nur für anerkannte Konkurrenten. Duelle waren früher auch nur unter Gleichrangigen möglich – Frauen galten nie als satisfaktionsfähig.

Da Frauen auch heute noch nicht als gleichwertige politische Gegner gelten, werden sie in der Regel unterschätzt. Bei Angela Merkel war dies von Anfang an der Fall – und ist auch heute noch so. Frauen, die aufgrund ihres Auftretens oder ihrer frauenpolitischen Positionen von den Männern als Gefahr angesehen wurden, werden politisch kaltgestellt. Heide Simonis und Rita Süssmuth sind jüngere Belege dafür. Umgekehrt werden Frauen gern ins Rennen geschickt, wenn eine Kandidatur als aussichtslos gilt, wie die letzten Wahlen zum Bundespräsidenten gezeigt haben. In dieses Schema ordnen sich auch die Spitzenkandidatinnen bei Landtagswahlen in neuer Zeit ein.

Ob Frauen für politische Funktionen nominiert werden, entscheiden immer noch die nach wie vor mehrheitlich männlich zusammengesetzten Gremien der Parteien. Selbst wenn in deren Statuten Quoten für Frauen verankert sind, bestimmen sie, welche Frauen gewählt werden. Wenn es um Regierungsämter geht, stellt häufig der Regierungschef ganz allein seine Mannschaft zusammen. Dass Helmut Kohl Anfang 1991 die politisch völlig unbekannte Angela Merkel als seine neue Ministerin für die Bereiche Jugend und Frauen präsentierte, brachte ihr das Etikett „Kohls Mädchen" ein. Wurde diese Bezeichnung lange als Abwertung Angela Merkels als Politikerin gebraucht, war sie allerdings in einem ganz anderen Sinne durchaus berechtigt.

Erst 1986 hatte die profilierte Frauenpolitikerin und Vorsitzende der Frauenunion Rita Süssmuth durchgesetzt, dass ihr Ressort Jugend, Familie und Gesundheit um den Bereich Frauen erweitert wurde. Damit war Frauenpolitik zur Ministersache geworden. Den zentralen Stellenwert, den Rita Süssmuth ihr einräumte, verlor die Frauenpolitik nur zwei Jahre später bereits wieder, als Rita Süssmuth zur Bundestagspräsidentin gewählt und durch die auf Altersfragen spezialisierte Professorin Ursula Lehr ersetzt wurde. Eine weitere Marginalisierung der Frauenpolitik bedeutete die 1991 erfolgte Abspaltung des Miniressorts Jugend und Familie und seine Besetzung mit einer politischen Newcomerin, die nicht nur nicht in der Frauenunion verankert war, sondern sich bisher überhaupt nicht für Frauenfragen interessiert hatte und weder über Fachkenntnisse geschweige denn Leitungserfahrungen verfügte.

Doch ging Helmut Kohls „Milchmädchenrechnung" – dass von Angela Merkel keinerlei eigenständige frauenpolitischen Initiativen ausgehen sollten, sie beeinflussbar und leicht lenkbar sein würde – nur zum Teil auf. Er hatte vor allem ihre Sozialisation in der DDR unterschätzt. Obwohl sie eine Pfarrerstochter war, teilte Angela Merkel nicht die ablehnende Haltung ihrer christlichen Partei gegen die Fristenlösung in der Abtreibungsfrage. Auch Frauenerwerbstätigkeit war für sie wie für alle Ostfrauen – im Unterschied zur West-CDU, für die die weibliche Bestimmung noch immer vor allem in der Hausfrauen- und Mutterrolle liegt –, eine Selbstverständlichkeit.

Praktisch fielen die Erfolge der Frauenministerin Merkel allerdings bescheiden aus. Sie selbst bezeichnet es als ihren größten Erfolg, dass 1992 ein Rechtsanspruch auf einen Kindergartenplatz für Kinder ab drei Jahren beschlossen wurde.

Dass sie 1994 ins Umweltressort wechseln durfte, hatte sie wohl vor allem ihrer unter Beweis gestellten Nachgiebigkeit nicht nur gegenüber ihrer Partei, sondern auch gegenüber der Wirtschaft zu verdanken. Hatte ihr Entwurf für das neue Gleichberechtigungsgesetz von 1994 zunächst auch einklagbare Rechtsansprüche für Frauen im privatwirtschaftlichen Bereich vorgesehen, verzichtete Merkel nach Protesten aus Wirtschaftskreisen bald darauf.

„Ganz Bonn spottet über das Emanzipationsgesetz von Frau Merkel: Würden Sie diese Frau einstellen?", hatte die *Bild-Zeitung* auf ihrer Titelseite gefragt. Nicht zum ersten und auch nicht zum letzten Mal wurde das äußere Erscheinungsbild Merkels herangezogen, um ihre Kompetenz anzuzweifeln und sie selbst lächerlich zu machen. Offensichtlich muss eine Frau, wenn sie sich schon in eine männliche Domäne vorwagt, wenigstens ansonsten die weiblichen Normen erfüllen. Bei der „Eisernen Lady" Margaret Thatcher diente die Handtasche als Symbol ihrer Weiblichkeit. Durch Handkuss bzw. andere intime Übergriffe versichern sich die männlichen Kollegen gern, dass sie es „nur" mit einer Frau zu tun haben. Wenn führende Politikerinnen allerdings zu weiblich auftreten, wird ihnen ebenso gern unterstellt, dass sie nur durch den Einsatz ihrer weiblichen Reize vorangekommen seien. Frauen, deren Fähigkeiten und Leistungen nicht anerkannt werden, können, wenn sie dennoch in höhere Positionen aufsteigen, dies nur durch unlautere Machenschaften und Protegieren erreicht haben, so suggeriert die herrschende öffentliche (männliche) Meinung.

Der Beginn der politischen Karriere Angela Merkels als Bundesministerin wird bis heute darauf zurückgeführt, dass sie die praktische Doppelquote als Vertreterin der Frauen und der Neuen Bundesländer verkörperte. Und während bei Politikern selten danach gefragt wird, wer ihre „Duellopfer" waren, wurde „Kohls Mädchen" zur „Vatermörderin" hochstilisiert.

Ausgeblendet wird dabei, dass die Politiker, die Angela Merkel beerbte – Lothar de Maizière, Günter Krause, Helmut Kohl, Wolfgang Schäuble, Edmund Stoiber – ihr Scheitern letztlich ihrem eigenen politischen Versagen zuzuschreiben haben. Friedrich Merz hat sich offensichtlich aus der Politik zurückgezogen, weil er nicht damit leben konnte, einer Frau den Vortritt lassen zu müssen. Aus den gleichen Gründen haben Stoiber und Müntefering 2005 bei den Koalitionsverhandlungen versucht, ihr die Richtlinienkompetenz als Bundeskanzlerin abzuerkennen.

Das Bild des Geschlechterkampfes und der Machtübernahme von Frauen beschwört der Politikprofessor Gerd Langguth in seiner Merkel-Biografie, wenn er den persönlichen Beraterinnenstab Merkels als „das schlagkräftigste Team seit dem Untergang der Amazonenherrschaft" charakterisiert. Können Männer nur in Verschwörungskategorien denken? Fühlen sie sich von einem „Küchenkabinett", das endlich entsprechend seinem traditionell üblichen Namen auch mehrheitlich aus Frauen besteht, so bedroht, dass sie es als „Girlscamp" herabsetzen müssen? Dass Politikberater männlich zu sein haben, ist offenbar so selbstverständlich, dass noch nie jemand auf die Idee gekommen ist, Beraterstäbe, die nur aus Männern bestehen, als „Boygroup" zu bezeichnen.

Nachdem Mädchen inzwischen über eine bessere Schulbildung als Jungen verfügen, zudem die Hälfte der Studierenden stellen, ihnen alle Berufe prinzipiell offen stehen, durch steigende Frauenerwerbstätigkeit die Rolle des Mannes als Familienernährer an Bedeutung verloren hat, Frauen durch Gerichtsurteil auch in den kämpfenden Teil des Militärs Einzug gehalten und als Fußballweltmeisterinnen den Männern selbst im Sport den Rang abgelaufen haben, fürchten die Männer nun, auch noch ihre Vorherrschaft in der Politik einzubüßen und ihre Macht mit den Frauen teilen zu müssen.

Dieser positiven Bilanz lassen sich jedoch mindestens ebenso viele Punkte gegenüberstellen, die zeigen, wie weit die Bundesrepublik von der Verwirklichung der Gleichberechtigung entfernt ist. Noch immer verdienen Frauen durchschnittlich ein Viertel weniger als Männer und sind in Führungsfunktionen in Politik, Wirtschaft und Wissenschaft Ausnahmen. Nach wie vor leisten sie den übergroßen Anteil der unbezahlten Reproduktionsarbeit, viele werden regelmäßig Opfer männlicher Gewalt.

Wie sehr traditionelle Geschlechterbilder noch immer politische Entscheidungen beeinflussen, haben sowohl der massive Widerstand, an dem beim neuen Elterngeld die Verpflichtung der Väter zur Beteiligung an der geförderten Erziehungszeit gescheitert ist, als auch die Forderung nach einer Betreuungsprämie für Mütter in der Auseinandersetzung um den Ausbau von Krippenplätzen gezeigt. Dabei ging es weder beim Erziehungsgeld noch bei den Krippenplätzen um mehr Chancengleichheit für Frauen, sondern um die Erhöhung der Geburtenraten und qualifizierte weibliche Arbeitskräfte für den Arbeitsmarkt.

Eine Frau als Regierungschefin setzt sich ebenso wenig automatisch für mehr Gleichberechtigung ein als sie per se für mehr Gleichberechtigung steht. Im Gegenteil: Schon lange hat Frauenpolitik in den Wahlprogrammen, im Wahlkampf und im Regierungsprogramm keine geringere Rolle gespielt als mit einer Frau als Spitzenkandidatin und Bundeskanzlerin. Wenn es dessen noch bedurfte, ist Angela Merkel auch der Beweis dafür, dass Frauen keineswegs eine sozialere und friedlichere Politik machen als Männer. Der Sozialabbau wird unter ihrer Regierung ebenso massiv fortgesetzt wie die Bundeswehreinsätze im Ausland. Beim Beginn des Irakkrieges hat Angela Merkel sogar anders als der damalige Amtsinhaber Schröder die Beteiligung Deutschlands gefordert.

Allzu oft haben Frauen geglaubt, dass ihrer vollständigen politischen Gleichberechtigung nun nichts mehr im Wege stehen würde, das erste Mal 1908, als ihnen das neue Reichsvereinsrecht das politische Koalitionsrecht nicht länger verweigerte, dann 1918, als sie das Wahlrecht erhielten und schließlich 1949, als im Grundgesetz festgeschrieben wurde: „Frauen und Männer sind gleichberechtigt". In der Praxis mussten sie dann jedes Mal feststellen, wie weit sie immer noch von einer wirklichen und selbstverständlichen Gleichberechtigung entfernt waren und wie wenig sich die politische Wirklichkeit durch ein Gesetz oder einige mitwirkende Frauen ändert, so lange ansonsten alles beim Alten bleibt.

Doch war der hürdenreiche politische Weg der Frauen nicht umsonst, denn er zeigt, dass es nicht um den Einzug der Frauen in die Männerpolitik, sondern deren Veränderung zur menschlichen Politik gehen muss.

Literatur

Arnim, Bettina von: Ein Lesebuch, hrsg. Christa Bürger / Birgit Diefenbach, Stuttgart 1994

Anneliese Bergmann: Frauen, Männer, Sexualität und Geburtenkontrolle. Die Gebärstreikdebatte der SPD im Jahre 1913, in: Frauen suchen ihre Geschichte, Hrsg. Karin Hausen, München 1983, S. 81-108

Bake, Rita, Brita Reimers: So lebten sie! Spazieren auf den Wegen von Frauen in Hamburgs Alt- und Neustadt, Hamburg 2003

Böttger, Barbara: Das Recht auf Gleichheit und Differenz. Elisabeth Selbert und der Kampf der Frauen um Art. 3 II Grundgesetz, Münster 1990

Cora Berliner. Eine Jüdin wird Regierungsrätin, Hrsg.: Sabine Krusen, Berlin o.J.

Das zwanzigste Jahrhundert. Frauenrechte – Gleichheit – Selbstbestimmung. Ariadne. Almanach des Archivs der deutschen Frauenbewegung, Heft 37-38 / Juni 2000

Die Staatsbürgerin: erste Arbeiterinnenzeitung Deutschlands. Originalgetreuer Nachdruck, hrsg. v. Hartwig Gebhardt, Ulla Wischermann, München 1988

„Dem Reich der Freiheit werb' ich Bürgerinnen." Die Frauen-Zeitung von Louise Otto, hrsg. Ute Gerhard, Elisabeth Hannover-Drück, Romina Schmitter, Frankfurt a. M. 1980

Dertinger, Antje: Weiber und Gendarm. Vom Kampf staatsgefährdender Frauenspersonen um ihr Recht auf politische Arbeit, Köln 1981

Dohm, Hedwig: Der Frauen Natur und Recht. Zur Frauenfrage zwei Abhandlungen über Eigenschaften und Stimmrecht der Frauen, Berlin 1876

Eine „ächt weibliche Emancipation". Die Diskussion der Geschlechterbeziehungen um 1848, Ariadne. Almanach des Archivs der deutschen Frauenbewegung, Heft 33 / März 1998

Faulstich, Bruno: Melpertser Geschichte(n), Ehrenberg 2006

Feuersenger, Marianne: Die garantierte Gleichberechtigung. Ein umstrittener Weg, 1980

Frauen in der bürgerlichen Revolution von 1848/49, hrsg. von Johanna Ludwig, Ilse Nagelschmidt und Susanne Schötz, Schriftenreihe des Bundesministeriums für Familie, Senioren, Frauen und Jugend, o. O. 1999

Frauen-Geschichtsgruppe des Stadtteilarchivs Ottensen: Aufgeweckt. Frauenalltag in vier Jahrhunderten. Ein Lesebuch, Hamburg 1988

Baader, Ottilie: Ein steiniger Weg. Erinnerungen einer Sozialistin, 1. Auflage 1921, 3. Auflage, Berlin/Bonn 1979

Franken, Irene: „Lieb Vaterland kannst ruhig sein! Fest steht die Polizei am Rhein!" Das preußische Vereins(un)recht um die Jahrhundertwende in Köln, in: Kölner Frauengeschichtsverein, 10 Uhr pünktlich Gürzenich. Hundert Jahre bewegte Frauen in Köln, Münster 1995, S. 55-63

Gast, Gabriele: Die politische Rolle der Frau in der DDR, Düsseldorf 1973

Gélieu, Claudia von, Beate Neubauer: Kurfürstin, Köchin, Karrierefrau. Zehn Berliner Porträts, Berlin 2005

Gélieu, Claudia von: Wegweisende Neuköllnerinnen. Von der Britzer Prinzessin zur ersten Stadträtin, Berlin 1998

Genth, Renate, u.a.: Frauenpolitik und politisches Wirken von Frauen im Berlin der Nachkriegszeit 1945-1949, Berlin 1996

Henkel, Martin, Rolf Taubert: Das Weib im Conflict mit den sozialen Verhältnissen. Mathilde Franziska Anneke und die erste deutsche Frauenzeitung, Bochum 1976

Heymann, Lida Gustava: Erlebtes, Erschautes. Deutsche Frauen kämpfen für Freiheit, Recht und Frieden, 1850-1940, hrsg. Margit Twellmann, Frankfurt a. M. 1992

Ihrer, Emma: Die Arbeiterinnen im Klassenkampf. Anfänge der Arbeiterinnen-Bewegung, ihr Gegensatz zur bürgerlichen Frauenbewegung und ihre nächsten Aufgaben, Hamburg 1898

Käthe Kollwitz. Die Tagebücher, hrsg. Jutta Bohnke-Kollwitz, Berlin 1979

Kardorff-Oheimb, Katharina von: Politik und Lebensbeichte, Tübingen 1965

Kenawi, Samirah: Frauengruppen in der DDR der 80er Jahre. Eine Dokumentation, Berlin 1995

Klein, Dagmar: Frauen in der Gießener Geschichte, Gießen 1997

Koonz, Claudia: Mütter im Vaterland. Frauen im Dritten Reich, Reinbek 1994

Labouvie, Eva: Beistand in Kindsnöten. Hebammen und weibliche Kultur auf dem Lande (1550-1910), Frankfurt am Main 1999

Neubauer, Beate: Der Traum vom Salon bleibt unsterblich – ein kulturhistorisches Phänomen, in: Claudia v. Gélieu / dies., „Loben Sie mich als Frau ..." Berliner Frauengeschichte erzählt, Berlin 2001, S. 57-76

Paletschek, Sylvia: Frauen und Dissens. Frauen im Deutschkatholizismus und in den freien Gemeinden 1841-1852, Göttingen 1990

Parteilichkeiten. Politische Partizipation von Frauen – Erfahrungen mit männlichen Politikbereichen, Ariadne. Almanach des Archivs der deutschen Frauenbewegung, Heft 40 / November 2001

Reder, Dirk Alexander: Frauenbewegung und Nation. Patriotische Frauenvereine in Deutschland im frühen 19. Jahrhundert (1813-1830), Köln 1998

Roß, Bettina: Politische Utopien von Frauen. Von Christine de Pizan bis Karin Boye, Dortmund 1998

Scheidle, Ilona: Mit ganzer Kraft für den Aufbau einer menschlicheren Gesellschaft. Die Wissenschaftlerin und Politikerin Marie Baum (1874-1964), in: dies., Heidelbergerinnen die Geschichte schrieben. Frauenporträts aus fünf Jahrhunderten, München 2006

Scholz, Sylka, Hrsg.: „Kann die das?" Angela Merkels Kampf um die Macht. Geschlechterbilder und Geschlechterpolitiken im Bundestagswahlkampf 2005, Berlin 2007

Streckfuss, Adolf: 500 Jahre Berliner Geschichte, 2. Bd., 4. Auflage, Berlin 1886

„Stunde Null". Kontinuitäten und Brüche, Ariadne. Almanach des Archivs der deutschen Frauenbewegung, Heft 27 / Mai 1995

Wie weit flog die Tomate? Eine 68erinnen-Gala der Reflexion, Hrsg.: Feministisches Institut und Heinrich-Böll-Stiftung, Berlin 1999

Wickert, Christel, Hrsg.: „Heraus mit dem Frauenwahlrecht". Die Kämpfe der Frauen in Deutschland und England um die politische Gleichberechtigung, Pfaffenweiler 1990

Wickert, Christel, Hrsg.: Frauen gegen die Diktatur – Widerstand und Verfolgung im nationalsozialistischen Deutschland, Berlin 1995

Wunder, Heide, Christina Vanja, Hrsg.: Weiber, Menscher, Frauenzimmer. Frauen in der ländlichen Gesellschaft 1500 – 1800, Göttingen 1996